KB272257

우리는
왜
말이 통하지
않을까

관계를 이어 주는 대화의 심리학

우리는
왜
말이 통하지
않을까

백선영 지음

천그루숲

기업교육과 심리코칭을 하다 보면 '말' 때문에 힘들어하는 분들을 자주 만나게 됩니다. 우리는 태어나는 순간부터 언어를 익히며 살아가지만, 정작 제대로 말하는 일은 쉽지 않습니다. 의도치 않게 누군가에게 상처를 주기도 하고, 반대로 가슴에 박히는 말 한마디에 밤잠을 설치기도 합니다. 이러한 경험을 반복하면서 우리는 말에는 책임이 따른다는 사실을 깨닫게 됩니다. 말 한마디가 관계를 살리기도 하고, 상처를 남기기도 한다는 것을 알게 되면서 자연스럽게 말의 무게에 대해 생각하게 됩니다. 그리고 어느 순간부터 '어떻게 말해야 하는가'에 대한 고민은 깊어만 갑니다.

이 고민에 대한 답을 찾기 위해 많은 사람들이 '대화의 기술'

을 배웁니다. 그러나 말을 진정으로 잘하기 위해서는 대화의 기술을 배우기 전에 '자신에 대한 이해'가 선행되어야 합니다. 제가 강의를 처음 시작했을 무렵 다양한 소통 기술을 강의하면서 마주했던 한계가 이 지점이었습니다. 대화의 기술은 분명히 전달되었지만 교육이 끝난 뒤 현업에서 이를 적용하지 못하는 모습을 보면서 의문이 생겼습니다. '방법을 알면서도 왜 실제 상황에서는 입이 떨어지지 않는 걸까?' 이 질문은 곧 '어떻게 해야 일상에서 제대로 대화가 가능해질까?'에 대한 고민으로 이어졌습니다.

그 해답은 심리코칭 현장에서 찾을 수 있었습니다. 사람에게는 각자 타고난 고유한 '기질'이 있고, 이 기질을 토대로 형성된 '성격'은 타인과 관계를 맺는 하나의 '관점'이 된다는 겁니다. 즉, 대화를 잘할 수 있는 기반은 내가 나를 얼마나 잘 알고 있는지에 대한 '자기인식'에서 시작됩니다.

'나를 안다는 것'은 자신의 강점을 수용하고, 스스로가 부족하다고 느끼는 부분을 밀어내지 않고 받아들이는 것을 의미합니다. 결국 자기인식은 대화의 출발점이자, 관계를 결정짓는 핵심입니다. 나에 대한 이해가 있을 때, 타인을 이해할 수 있는 시각이 열립니다. 나와 상대는 같지 않고, 그 다름의 순간에 어떻게 말을 건네야 하는지 알려 주는 것이 바로 '대화의 기술'입니다.

이 책은 심리학을 바탕으로, '나에 대한 이해'에서 출발합니다. 자기 자신을 들여다보는 과정을 거친 뒤, '좋은 소통이란 무엇인가'에 대한 본질적인 물음을 담았습니다. 이를 바탕으로 '타인과의 소통'으로 시선을 넓혀 가며, 궁극적으로 일상에서 바로 적용할 수 있는 실질적인 소통의 방식을 다룹니다.

PART 1 '우리는 왜 말이 통하지 않을까?'에서는 심리진단 도구인 TCI를 통해 타고난 기질과 성격을 이해하고, 나를 더 성숙한 존재로 만들어 가는 기틀을 마련합니다.

PART 2 '관계를 잇는 숨, 소통을 여는 멈춤'에서는 내 마음에 씌워진 '생각의 틀'을 점검합니다. 사실이 아닌 생각이 어떻게 대화를 가로막는지 살펴보고, 합리적 정서행동치료REBT 관점에서 대화의 흐름을 회복하는 방법을 제시합니다.

PART 3 '관계를 잇는 대화의 기술'에서는 업무와 일상에서 실제 활용할 수 있는 구체적인 대화의 기술을 담았습니다. 나를 이해하는 기반 위에 대화의 기술을 얹을 때 비로소 업무효율과 관계의 깊이가 달라집니다.

PART 4 '갈등을 해결하는 소통의 지혜'에서는 피할 수 없는 갈등의 패턴을 확인합니다. 자신의 갈등 유형을 파악하고, 이를 지혜롭게 해결하는 방법을 제시합니다.

PART 5 '세대를 넘어 원 팀으로 일하는 법'에서는 가치관의 차이로 발생하는 세대 간 갈등을 문화와 경제적 배경으로 이해합니다. 각 세대의 차이를 존중하면서 소통할 수 있는 방법을 제시합니다.

<u>PART 6</u> '관계의 격을 높이는 성숙한 대화법'에서는 나-전달법I-Message과 비폭력대화, 코칭 대화를 통해 관계의 격을 높이고 나와 상대가 함께 성장하는 소통의 정점을 다룹니다.

수레바퀴에는 바퀴가 빠지지 않도록 고정하고 중심을 잡아주는 '휘갑쇠'가 있습니다. 다른 말로 '줏대'라고 합니다. 이 축이 단단해야 수레가 흔들림 없이 굴러가듯, 대화에도 자신만의 줏대가 필요합니다. 이 책이 여러분의 대화 속에 단단한 '줏대'를 세워주는 기준점이 되기를 바랍니다. 자신만의 중심을 잡고, 흔들림 없이 진심을 전하는 대화의 즐거움을 경험하시길 바랍니다.

삶의 중심이 언제나 당신이 되어,
평온한 소통과 따뜻한 관계를 맺어가길 바라며
백선영

PART 1

우리는 왜 말이 통하지 않을까?

나를 이해하는 만큼,
대화도 깊어집니다

"오늘 당신의 '말'은 어땠나요?"

혹시 불필요하게 쏟아낸 말 때문에 불안하고, 차마 하지 못한 말 때문에 답답하진 않았나요? 대화의 어긋남은 '말의 시차'에서 비롯될 때가 많습니다. 하지 말았어야 했던 말은 후회가 되어 남고, 삼켜버린 말은 미련이 되어 마음 한구석에 고입니다. 그러나 이미 지나가 버린 말의 시차를 되돌리기는 무척 어렵습니다. 말이라는 게 본래 그렇습니다.

대화 중 불편한 상황이 생길 때 감정을 앞세우면 상대는 대화의 내용 대신 당신의 감정(분노나 슬픔)만 기억하게 됩니다. 이런 이유로 감정을 드러내자니 관계가 흔들릴 것 같고, 억누르자니 나 자신이 힘들어지는 것, 이것이 우리가 대화에서 자주 마주하는 딜레마입니다. 감정이 중요하다는 사실을 알면서도, 이를 적절히 조절하며 균형을 찾는 일은 생각만큼 쉽지 않습니다.

대화의 상황을 조절하는 핵심은 '숨'과 '멈춤'입니다. 불편한 감정이 올라올 때는 '숨'의 호흡으로 감정을 먼저 다스리고, 해야 할 말 앞에서는 잠시 '멈춤'으로 어떤 말로 전할지 선택해야 합니다. 이처럼 '숨'과 '멈춤'은 우리의 내면에 '대화의 공간'을 넓혀 줍니다. 대화의 품격은 바로 이 찰나의 순간, 나를 다스리는 짧은 시간 속에서 만들어집니다.

그런데 어떤 사람에게는 이 찰나의 순간에 '숨'과 '멈춤'을 조절하는 것이 자연스러운 반면, 어떤 이들에게는 엄청난 노력이 필요한 과제처럼 느껴지기도 합니다. 이 결정적인 차이는 어디에서 비롯되는 걸까요?

💬 같은 언어를 쓰는데 왜 다르게 들릴까?

"저 사람은 도대체 왜 말과 행동을 저렇게 하는 걸까?"

우리는 종종 이해할 수 없는 상대로 인해 답답함을 느끼곤 합니다. 하지만 이는 서로의 마음을 움직이는 '작동방식'이 다르기 때문입니다.

김 프로는 회의 도중 자신의 말을 끊고 끼어드는 박 프로의 소통방식 때문에 당황할 때가 많습니다. 자료를 충분히 검토하고 조심스럽게 의견을 내는 김 프로와 달리, 박 프로는 다른 사람의 의견에도 과감하게 자기 생각을 덧붙입니다. 윗사람들 눈에는 박 프로가 추진력 있고 적극적인 팀원으로 보이지만, 김 프로에게 박 프로의 표현방식은 다소 거칠고 충동적으로 느껴집니다.

한 번은 박 프로에게 직접 말해 볼까 고민도 했지만, 그의 행동이 팀을 향한 열정에서 비롯된 것이라 생각하니 선뜻 말을 꺼내기가 조심스럽습니다. 결국 김 프로는 직접적인 대화 대신 메일이나 문서를 통해 의사를 전달하고, 회의시간에는 가급적 박 프로의 반응에 신경 쓰지 않으려 애쓰며 에너지를 소모하고 있습니다.

두 사람 모두 팀의 목표를 위해 최선을 다하고 있습니다. 하지만 각자의 소통방식의 차이로 인해 '오해'와 '피로감' '갈등'이 쌓여갑니다. 신중하고 분석적인 김 프로와 달리, 박 프로는 직관적이고 즉흥적인 성향입니다.

이처럼 조직에서는 저마다의 성향에 따라 다른 방식으로 소통합니다. 이러한 차이는 각자의 기질과 성격에서 비롯되며, 이는 자연스럽게 일하는 방식의 차이로 이어집니다.

💬 타고난 기질은 바꿀 수 없지만, 성격은 선택할 수 있다

어르신들이 갓난아이를 보며 "아이가 순하네요" "아이가 활발하네요"라고 말씀하시는 걸 한 번쯤 들어본 적이 있을 겁니다. 아직 자신의 생각을 언어로 표현하지 못하는 어린아이도 몇 가지 행동만으로 그 성향을 짐작할 수 있습니다. 심리학에서는 이를 외부자극에 자동적으로 반응하는 타고난 생물학적 특성, 즉 사람마다 고유하게 타고나는 '기질'이라고 합니다.

'기질'은 한 개인이 다양한 환경자극에 대해 보이는 최초의 정서적 반응이며, 태어날 때부터 이미 결정된 유전적인 특성입니다. 활동성, 생활패턴의 규칙성, 새로운 자극에 대한 반응, 정서적인 반응 등은 개인이 지닌 본래의 특성입니다. 이는 시간이 흘러도 비교적 안정적으로 유지되며, 향후 성격이 형성되는 토대가 됩니다.

반면, '성격'은 타고난 기질이라는 토양 위에 부모의 양육, 학교 교육, 사회적 경험 등이 쌓이며 형성됩니다. 이는 한 개인이 자신과 타인 그리고 세상과 관계를 맺고 반응하는 방식에서 나타나는 일관된 특성입니다. 그래서 한 사람의 성격을 이해하면 그 사람의 행동패턴을 어느 정도 예측할 수 있습니다. 이는 대인관계와 직무 적응, 나아가 삶의 만족도에도 중요한 영향을 미칩니다.

💬 기질은 변할 수 있을까?

유전적 특성인 '기질'은 시간이 지나도 높은 안정성을 보이며 쉽게 변하지 않는 경향이 있습니다. 민감한 기질을 타고난 개인이 하루 아침에 무던한 성향으로 바뀌기는 어렵습니다. 따라서 기질은 '좋고 나쁨'으로 평가할 대상이 아니라, '이해하고 수용'해야 하는 개인의 고유한 특성입니다.

심리학에서는 이러한 기질을 '자극추구' '위험회피' '사회적 민감성'으로 설명합니다. 사람마다 기질의 강도와 조합이 다르기 때문에 행동, 대화방식, 그리고 세상을 바라보는 관점 역시 다르게 나타납니다

자신의 기질을 비판적으로 바라보며 집착하기보다, 나를 정확히 이해하고(기질 이해) 있는 그대로 받아들이는 것(수용)이 더 나은 삶을 위한 선택의 시작입니다. 자신의 기질을 이해할수록 유연성은 커지고, 유연성이 높아질수록 기질을 조절할 수 있는 '자율성'과 '연대감'이라는 성격의 성숙도 역시 높아집니다.

있는 그대로의 나를 인정하고 변화를 선택할 때, 우리는 삶을 더욱 주도적으로 살아갈 수 있으며, 관계 속에서도 보다 주체적인 대화를 나눌 수 있습니다.

2

행동의 에너지가
달랐을 뿐입니다

새롭고 낯선 상황에서 즐거움을 느끼는 사람이 있는가 하면, 익숙하고 안정적인 일상에서 편안함을 느끼는 사람도 있습니다. 이는 단순한 취향 차이라기보다 기질의 차이에서 비롯됩니다. 심리학에서는 새로운 자극에 민감하게 반응하고, 행동을 시작하도록 이끄는 기질을 '자극추구'*라고 합니다. 이 성향의 강도는 사람마다 다르게 나타나며, 대화방식과 행동패턴, 일하는 방식에서 비교적 뚜렷하게 드러납니다.

'자극추구'의 성향이 높은 사람은 새로운 자극에 빠르게 반응하며, 새로운 아이디어를 제시하고 변화를 주도합니다. 이들은

---

*   '자극추구'는 (주)마음사랑의 TCI 검사 시 사용되는 공식명칭입니다.

강한 호기심을 바탕으로 새로운 시도를 주저하지 않으며, 의사결정과 실행속도가 비교적 빠릅니다. 반면, '자극추구'가 낮은 사람은 검증된 방식과 안정적인 프로세스를 중심으로 업무를 처리합니다. 익숙한 체계 안에서 예측 가능성을 확보하고 세밀한 검토를 통해 최선의 효율을 발휘합니다.

💬 무엇이 옳은가보다, 어떻게 맞춰갈 것인가

'돌다리도 두드려보고 건너자'는 신중한 방식과 '일단 건너가면서 고민하자'는 속도 중심의 방식이 충돌할 때가 있습니다. 이러한 차이는 서로를 답답하거나 무모하다고 느끼게 만들어 결국 대화가 어긋나는 원인이 되기도 합니다.

식품영업팀 박 대리는 안정성과 체계적인 운영을 숭시합니다. 그는 표준화된 업무매뉴얼을 정확하게 적용하고, 예측가능한 결과를 바탕으로 리스크를 줄이는 방식에 익숙합니다. 박 대리는 검증된 프로모션 방식을 유지하면서 효율을 높이고, 전체 매장에 일관된 기준을 적용하는 것이 브랜드 신뢰도를 높이는 길이라고 믿습니다.

반면, 이 대리는 새로운 것에 관심이 많고, 변화를 통해 더 나은 결과를 만들어 가는 과정에서 흥미를 느낍니다. 같은 판촉행사라도 매장 고객층의 특성이나 트렌드를 반영해야 고객 반응이 좋아진다고 생각합니다. 모든 매장에 동일한 방식을 적용하기보다, 규모와 입지에 맞는 차별화된 접근이 필요하다고 강조합니다.

명절 시즌을 앞두고 박 대리가 "작년과 같은 구성을 유지하고, 인력배치만 조정하면 충분해요. 전 지점에 일관된 기준을 적용해야 브랜드 신뢰도가 쌓이고 리스크도 줄일 수 있어요"라며 기존방식을 유지하자고 제안하자, 이 대리는 "대리님, 매장 진열에도 변화가 필요해요. 매장마다 고객 특성이 다 다른데 차별화된 접근이 필요하죠. 요즘 트렌드를 반영해야 고객들이 반응한다니까요"라며 새로운 진열방식과 이벤트 요소를 제안합니다.

이 사례에서 박 대리와 이 대리, 두 사람의 방식 중 어느 쪽이 더 효과적이라고 단정하기는 어렵습니다. 다만 두 사람이 상황을 풀어가는 방식에서 드러나는 '기질의 차이'를 확인할 수 있습니다. 박 대리는 변화를 최소화해 위험요소를 관리하며 성과를 내는 방식이며, 이 대리는 새로운 시도를 통해 가능성을 탐색하고 그 안에서 의미를 발견하며 성과를 만들어 내는 방식입니다.

이러한 차이는 자극추구의 강도가 서로 다르기 때문에 나타나는 자연스러운 현상입니다. 이 대리는 자극추구가 높은 반면, 박 대리는 자극추구가 낮은 성향입니다. 어느 한쪽이 더 나은 방식이라고 단정할 수 없는 이유는, 두 접근방식 모두 조직을 성장시키는 데 있어 필요한 방식이기 때문입니다.

💬 행동의 차이를 만드는 '자극추구'

자극추구가 높은 사람은 새로운 자극에 민감하게 반응하며, 전반적으로 행동이 빠르게 활성화되는 편입니다. 이들의 특징은 다음과 같습니다.

첫째, 새로움과 낯선 환경에 대한 호기심이 높습니다. 새로운 자극에 쉽게 흥미를 느끼지만, 그만큼 주의가 빠르게 전환되어 집중력이 분산될 가능성도 지니고 있습니다.

둘째, 외부자극에 민감하여 감정과 행동이 여과 없이 즉각적으로 드러나는 편이며, 소위 '기분파'로 인식되기도 합니다. 의사결정 과정에서 즉흥적이고 충동적인 모습을 보이기도 합니다.

셋째, 원하는 것이 생기면 즉시 충족하려는 욕구가 강해, 이를 즉각적으로 경험하거나 소비하는 것을 선호합니다. 이는 돈을 저축하기보다 현재의 만족을 위해 지출하는 소비습관으로 나타나기도 합니다.

넷째, 대화의 재미와 자극을 추구하는 기질적 특성으로 인해 사실 중심의 전달보다는 이야기에 극적인 요소를 더해 생동감 있게 전달하려는 경향이 있습니다. 이 과정에서 때로는 표현이 다소 강조되어 보일 수 있습니다.

반면, 자극추구가 낮은 사람은 새로움보다는 익숙함과 안정성을 선호하는 경향이 있습니다. 이들의 특징은 다음과 같습니다.

첫째, 변화보다는 익숙하고 안정적인 환경을 편안하게 느낍니다. 새로운 시도보다 검증된 방식을 유지하려는 태도를 보입니다.

둘째, 즉흥적이거나 충동적인 행동이 비교적 적습니다. 행동에 옮기기 전에 충분히 정보를 수집하고 검토한 뒤 신중하게 판단하는 편입니다.

셋째, 원하는 것이 생기더라도 즉각적으로 충족하기보다 사전계획과 절차를 우선시합니다. 장기적인 관점에서 자원을 체계적으로 관리하며, 일상 속에서도 검소하고 절제된 태도로 안정적인 모습을 보입니다.

자극추구가 높고 낮음을 '좋다, 나쁘다'로 평가할 수는 없습니다. 다만 자신의 기질을 이해하고, 이를 상황에 맞게 긍정적으로 활용하는 '선택'의 노력이 필요할 뿐입니다.

💬 자극추구가 대화의 방향을 결정한다

자극추구가 높은 사람과 낮은 사람은 행동 에너지의 방향이 서로 다르게 나타나며, 이러한 차이가 관계에서 오해와 갈등을 일으키는 원인이 되기도 합니다.

자극추구가 높은 사람은 즉흥적이고 충동적인 성향이 강해 감정반응이 빠르게 나타날 수 있습니다. 이들에게 필요한 것은 '숨'과 '멈춤'의 소통방식입니다. 감정이 고조될 때 '숨'을 통해 감정을 가라앉히고, '멈춤'을 통해 상대의 메시지를 충분히 경청한 뒤 대화를 시작해야 합니다.

반대로 자극추구가 낮은 사람은 기존의 방식을 지켜 나가는 데 강점이 있지만, 새로운 시도의 긍정적 가능성을 놓치게 되면 개인의 성장에 제약이 생길 수 있습니다. 이때는 '다른 관점'에서 상황을 바라보며, 변화 속에 담긴 긍정적 요인을 찾고 이해하려는 태도가 필요합니다.

서로에게 우호적인 관계를 맺기 위해서는 먼저 나 자신을 수용하고, 관계에서 불편하게 느끼는 지점을 스스로가 알아차려야 합니다. 무의식적인 반응에 휘둘리기보다 의식적으로 행동을 선택할 때 관계는 안정됩니다.

3

불확실성에 대한 반응이
달랐을 뿐입니다

'일이 잘못되면 어떡하지?'

불확실한 상황 앞에서 이런 생각이 먼저 떠올라 미리 걱정하며 행동을 억제하는 사람들이 있습니다. 이들은 불확실성이 클수록 꼼꼼하게 계획을 세우고 점검하며 상황을 통제하려고 합니다. 반면, 불확실한 상황에서도 '괜찮아, 잘될 거야'라며 낙천적으로 대처하는 사람들도 있습니다. 이런 모습이 근자감(근거 없는 자신감)처럼 보일 수 있지만, 사실은 불안에 대한 반응성이 낮아 불확실함 속에서도 주저 없이 자신감 있게 행동하는 겁니다.

위험신호나 불확실성을 어떻게 받아들이는지는 개인의 기질적 특성과 연결됩니다. 특히 이러한 반응의 차이는 '위험회피'*와 관련이 있습니다. 위험회피란 위험이 예상될 때 행동이 억제되거나 기존에 하던 행동을 멈추게 되는 기질입니다.

'위험회피'가 높은 사람은 불확실한 상황에서 일이 예상보다 어렵게 흘러갈 가능성을 먼저 떠올리고, 최악의 결과를 상상하다 보니 걱정과 두려움이 앞설 수밖에 없습니다. 불확실성 앞에서도 실제보다 상황을 더 어렵게 느끼고, 낯선 사람 앞에서 수줍어하거나 자기주장을 강하게 하지 않는 모습 역시 실수를 줄이고 안전을 확보하려는 본능적인 신중함에서 비롯됩니다.

반대로 '위험회피'가 낮은 사람은 걱정이 비교적 적고 도전적인 과제에도 주저함 없이 접근합니다. 걱정이 적다 보니 자연스럽게 도전적이고 낙천적인 태도를 보이며, 주변에서는 늘 활발하고 자신감 넘치는 사람으로 보이기도 합니다.

💬 당신의 마음속 브레이크는 얼마나 민감한가?

불확실한 상황에 부딪혔을 때, 사람들은 기질에 따라 저마다 다른 신호를 보냅니다. 누군가는 '잠깐, 위험할 수 있어!'라는 경고등을 켜고 안전을 지키기 위해 브레이크를 밟으며 행동을 억제합니다. 반면, 누군가는 '괜찮아, 일단 가보자!'라며 청신호를 켜

---

*　'위험회피'는 (주)마음사랑의 TCI 검사 시 사용되는 공식명칭입니다.

고 거침없이 액셀을 밟습니다.

사내 웹디자인팀의 김 책임과 정 책임은 홈페이지 개편 디자인을 맡았습니다. 회의 초반부터 두 사람이 추구하는 방향은 확연히 달랐습니다. 김 책임은 기존에 검증된 디자인 패턴을 유지하기를 원했습니다.

"디자인 변화가 너무 크면 직원들이나 고객들이 불편해하지 않을까요? 항의가 들어올 수도 있고요."

김 책임은 예상치 못한 오류나 부정적 피드백을 막는 것이 무엇보다 중요했습니다. 반면, 정 책임의 생각은 전혀 달랐습니다.

"에이, 책임님, 직원들도 고객들도 금방 적응할 거예요. 설령 조금 불편하다고 해도 그때 가서 고치면 되죠. 무슨 큰일이 나겠어요? 일단 한번 해봅시다."

정 책임은 미래에 생길 일을 미리 걱정하며 계획하기보다, 그 상황이 닥치면 충분히 해결할 수 있는 사소한 문제로 여겼습니다.

두 사람 모두 팀의 성공을 바라는 목적은 같습니다. 다만 변화와 불확실성을 마주했을 때 반응하는 방식이 다를 뿐입니다. 김 책임은 위험회피가 높아 발생 가능한 잠재적 위험을 미리 감지하고 대비하느라 신중해지는 반면, 정 책임은 위험회피가 낮아 어느 정도의 위험을 감수하더라도 일단 시도해 보려는 낙천적인 태도를 보이는 겁니다. 이는 옳고 그름의 문제가 아니라, 불확실한 상황에서 반응하는 기질적 차이입니다.

💬 조심스러운 사람 vs 거리낌 없는 사람의 특징

위험회피가 높은 사람은 마음속에 정밀한 보안시스템이 작동하고 있습니다. 남들이 무심코 지나칠 수 있는 자극도 위험신호로 감지하여 이들의 마음속 신호등은 자주 빨간불을 켭니다. 이들의 특징은 다음과 같습니다.

첫째, 미래를 위한 끊임없는 시뮬레이션입니다. 이들의 마음속에는 '혹시라도 잘못되면 어떡하지?' '실수하면 어떡하지?'라는 질문이 꼬리에 꼬리를 뭅니다. 남들이 보기엔 크게 걱정하지 않아도 될 사소한 상황에서도 이들은 최악의 경우의 수까지 계산하며 미리 대비합니다. 이는 겁이 많아서가 아니라, 위험을 최소화하고 안전한 미래를 만들고 싶은 욕구가 강하기 때문입니다.

둘째, 낯선 관계 앞에서의 신중한 탐색전입니다. 새로운 사람을 만날 때 주저하거나 조심스러워하는 모습을 보이는데, 이는 '자신감이 부족해서'가 아닙니다. 낯선 상대는 아직 검증되지 않은 '불확실성'이기 때문에 바로 다가서기보다는 안전한 사람인지 파악할 때까지 적절한 거리를 유지하며 관찰할 시간을 갖는 겁니다.

셋째, 비교적 높은 심리적 에너지 소모입니다. 늘 안테나를 세우고 주변의 위험을 감지하며 미래를 대비하기 때문에 남들보다 쉽게 지치고 피곤함을 느끼곤 합니다. 아무것도 하지 않는 것처럼 보여도, 이들의 머릿속은 누구보다 치열하게 작동하고 있습니다.

결국 이 모든 행동은 불확실성을 줄이고 삶을 더 안전하고 견고하게 지키기 위해 에너지를 사용하는 기질에서 비롯된 겁니다.

반면, 위험회피가 낮은 사람은 모호함을 위협이 아닌 '가능성'으로 해석합니다. 이들의 마음속 신호등은 대부분 파란불입니다. 이들의 특징은 다음과 같습니다.

첫째, 비교적 낙천적으로 해석합니다. 미래를 미리 걱정하는 대신, '어떻게든 되겠지' '결국 잘될 거야'라는 생각이 기본값으로 설정되어 있습니다. 남들이라면 당황할 법한 예기치 못한 상황이나 낯선 환경에서도 이들은 좀처럼 위축되지 않습니다. 오히려 상황의 문제를 단순화하고 돌파하는 대범함을 보입니다.

둘째, 대인관계에 주저함이 적습니다. 낯선 사람에게 다가가거나 대중 앞에 나서는 것을 두려워하지 않는데, 이는 거절당하거나 실수할 것에 대한 두려움이 낮기 때문입니다. 자신의 생각을 솔직하게 표현하고, 모임의 분위기를 주도하는 사교적인 모습을 보입니다.

셋째, 지치지 않는 에너지입니다. 이들은 걱정과 불안으로 소모되는 정신적 에너지가 거의 없습니다. 덕분에 늦은 시간까지 지치지 않고 활력을 유지하며, 주변 사람들에게 "저 에너지는 도대체 어디서 나오는 거야?"라는 이야기를 듣기도 합니다.

결국 이러한 특성은 무모함이 아니라, 불확실성에 대한 낮은 불안 반응에서 비롯된 기질적 성향입니다.

강연과 심리코칭 현장에서 '위험회피'가 높은 사람과 '자극추구'가 낮은 사람이 비슷해 보인다는 질문을 자주 받습니다. 실제로 두 기질은 겉으로 드러나는 모습이 유사해 보일 수 있습니다. 두 기질 모두 변화보다는 안정을 택하고, 행동의 변화가 적기 때문입니다. 하지만 이면의 심리적 동기는 전혀 다릅니다.

자극추구가 낮은 사람은 말 그대로 새로운 자극에 대한 욕구 자체가 크지 않습니다. 이들은 변화가 두려워서가 아니라, 현재의 상태에 만족하거나 굳이 바꿀 필요성을 느끼지 못해 움직이지 않을 뿐입니다. '굳이 왜 바꿔야 해?'라는 무던함이 이들의 특징입니다. 반면, 위험회피가 높은 사람은 마음속에 변화에 대한 욕구가 있더라도, '바꾸고 싶지만, 잘못되면 어떡하지?'라는 불안과 두려움이 더 크기 때문에 행동이 억제되는 겁니다.

💬 지나친 걱정 vs 막연한 낙관 사이에서 균형 잡기

위험회피가 높다고 해서 성격이 예민하거나 부정적인 기질이라는 의미는 아닙니다. 영화 〈인사이드 아웃 2〉의 캐릭터 '불안이'가 보여주듯, 불안은 미래를 계획하고 잠재적 위협에 대비하게 돕는 중요한 역할을 합니다. 문제는 위험회피가 지나치게 높아질 때입니다. 생각이 꼬리를 물며 불안에 사로잡혀 행동을 망설이거나 멈추게 됩니다. 이런 상태가 지속되면 정신적 에너지가 소진되어 체력적으로 쉽게 지칠 수 있습니다.

위험회피가 낮은 사람은 낙천적이고 자신감 넘치는 인상을 줄 수 있습니다. 하지만 지나치게 낮은 경우, 구체적인 준비 없는 막연한 낙천주의는 '독'이 될 수 있습니다. 근거 없이 무조건 "잘될 거야"라고 말하는 사람은 신뢰를 얻기 어렵습니다. 진정한 긍정은 현실을 정확히 인식하고 그 위에서 미래를 준비하는 과정에서 나옵니다.

중요한 것은 자기인식을 통해 위험회피를 인식하고, 이를 어떻게 조절하고 활용하느냐입니다. 위험회피가 높다면 생각에 과도하게 빠지기 전에 '멈춤'을 통해 마음을 이완해야 합니다. 명상·산책·등산 등의 활동이 불안 반응을 낮추는 데 도움이 됩니다. 반대로 위험회피가 낮다면 상황을 객관적으로 점검하고 구체적인 계획을 세워 현실감각을 보완하려는 노력이 필요합니다.

위험회피는 소통과 행동 전반에 영향을 미칩니다. 자신이 어느 쪽에 가까운지 객관적으로 인식하고, 상황에 맞게 조절하려는 의식적인 노력이 쌓일 때 관계 속에서 중심을 잡을 수 있습니다.

4

관계에도 거리가 필요합니다

대화를 할 때 상대의 미묘한 감정신호를 빠르게 읽어내는 사람이 있는가 하면, 그렇지 못한 사람도 있습니다. 상대방이 눈살을 조금만 찌푸려도 '내가 뭘 잘못했나?' 걱정하며 쉽게 흔들리거나 위축되는 사람이 있는 반면, 이런 신호에 크게 개의치 않고 자신의 페이스를 유지하는 사람도 있습니다. 한쪽은 남의 눈치를 보느라 마음이 힘들고, 다른 한쪽은 너무 보지 않아 주변 사람을 힘들게 합니다. 이처럼 상대방의 표정과 감정을 잘 알아차리고 반응하는 기질을 '사회적 민감성'*이라고 합니다.

'사회적 민감성'이 높은 사람은 대화할 때 상대의 표정·말

---

*   '사회적 민감성'은 (주)마음사랑의 TCI 검사 시 사용되는 공식명칭입니다.

투·눈빛 등의 미세한 단서에 민감하게 반응합니다. 회의 중 누군가 고개를 갸웃거리거나 대답이 조금만 늦어져도 '내 말이 이상한가?' '내가 불편한가?'라는 생각부터 떠올립니다. 이들은 타인의 마음을 잘 헤아리는 따뜻한 온정을 지니고 있으며, 자신에게 우호적인 사람을 빠르게 알아차려 원만한 관계를 맺는 편입니다. 또한 자신의 감정을 표현하는 데에도 거침이 없고 개방적입니다.

반대로 '사회적 민감성'이 낮은 사람은 상대의 감정신호에 크게 신경 쓰지 않기 때문에 타인의 감정에 잘 휘둘리지 않습니다. 누군가 인상을 써도 '저 사람 기분이 안 좋은가 보네. 내가 뭘 잘못한 건 아니잖아' 하고 넘길 뿐, 자신과 연결지어 해석하지 않습니다. 이들은 자신을 드러내기보다 타인과 일정한 거리를 두는 독립적인 성향이 강합니다. 이 때문에 종종 주변 사람들에게 차갑거나 냉정하다는 인상을 주기도 하고, 상황에 따라 다소 무심하게 보일 수도 있습니다.

💬 관계 속에서 서로 다른 신호를 읽는다

같은 공간에 있어도 각자가 바라보는 '우선순위 관점'은 서로 다를 수 있습니다. 누군가는 타인의 미세한 표정과 분위기를 먼저 읽어내고, 누군가는 상황의 핵심정보나 실용적인 요소에 더 빠르게 반응합니다.

생산팀의 김 프로와 박 프로는 공정개선 업무와 팀원 간 협업에서도 서로 다른 스타일을 보입니다.

김 프로는 업무 시작 전 먼저 동료들과 충분히 대화를 나누며 의견을 '조율'하려고 노력합니다.

"이 방식이 불편하진 않을까요? 혹시 다른 팀 일정에 영향을 주면 안 되니까요."

김 프로는 업무의 파장이 주변 동료들에게 어떤 영향을 미칠지 신중하게 살핍니다. 덕분에 '김 프로는 말투도 부드럽고, 뭔가 부탁할 때 부담이 없어요'라는 긍정적인 평가를 받습니다.

반면, 박 프로는 과제를 받으면 빠르게 구조를 분석하고, 사람들의 반응이나 기분보다는 '효율'의 방향을 먼저 검토합니다. 타인의 기분보다는 업무의 흐름과 논리를 최우선으로 고려하며, 타당하다고 판단되면 동료들에게 명확히 설명하고 추진합니다.

"이 공정을 바꾸면 2시간이 단축됩니다. 바로 적용해 보시죠."

동료의 표정을 살피기보다 직설적으로 용건을 전달하는 그의 방식은 가끔 차갑다는 오해를 사기도 합니다. 하지만 복잡한 문제를 정리하고 명료하게 해결하는 그의 방식은 바쁜 현장에서 큰 강점이 됩니다.

사회적 민감성이 높은 김 프로는 정서적인 분위기를 섬세하게 읽고 조율하는 데 탁월합니다. 협업 시 타인의 감정을 먼저 배려하여 대화를 유연하게 이끌고, 팀 내의 미묘한 긴장감을 완화시키는 것이 강점입니다. 반면, 사회적 민감성이 낮은 박 프로는 감정보다는 업무의 합리성과 효율을 최우선으로 둡니다. 불필요한 감정 소모 없이 명확하고 빠르게 실행하여 성과를 내는 것이 강점입니다.

두 사람 모두 각자의 방식으로 조직에 기여하고 있어, 어느 한쪽이 더 낫다고 평가할 수는 없습니다. 다만 서로 다른 성향은 오해를 부르기도 합니다. 박 프로의 직설적인 피드백은 김 프로에게 다소 날카롭게 느껴져 상처가 될 수 있고, 김 프로의 조심스러운 태도는 박 프로에게 비효율적이거나 우유부단하게 보일 수 있습니다. 이러한 기질의 차이는 관계 속에서 긴장을 만들고, 서로에 대한 오해와 다른 해석을 낳기도 합니다.

💬 예민함과 냉정함 사이, 당신의 마음은 어디에 있나요

사회적 민감성은 상대의 표정·감정·말투 등을 민감하게 인식하고, 이에 따라 정서적·행동적으로 반응하는 성향을 의미합니다. 사회적 민감성이 높은 사람의 특징은 다음과 같습니다.

첫째, 상대방의 감정에 민감하게 반응하고, 여리고 섬세한 감수성을 지니고 있습니다. 상대의 미세한 기분 변화를 감지하며, 타인의 아픔이나 기쁨에 진심으로 반응하는 정서적 온도가 높습니다.

둘째, 사람들과의 관계에서 자신의 감정과 경험을 자연스럽게 공유하기 때문에 타인과 친밀감을 형성하는 데 어려움이 적은 편입니다. 자신을 드러내는 데 불편함을 느끼지 않아 개방적인 소통을 이어가는 모습을 보입니다.

셋째, 타인의 반응을 중요하게 여기는 만큼 거절이나 비판에 민감하게 반응하는 경향이 있습니다. '남들이 나를 어떻게 볼까'를 자주 의식하다 보니 혼자 결정하는 것을 어려워하고, 타인의 지지와 승인을 필요로 하는 의존적 태도를 보이기도 합니다.

반면, 사회적 민감성이 낮은 사람은 상대의 정서적 신호에 큰 의미를 부여하지 않으며, 관계보다 과제나 상황 자체에 더 집중하는 경향을 보입니다. 사회적 민감성이 낮은 사람의 특징은 다음과 같습니다.

첫째, 전반적으로 감정에 반응하기보다 현실적인 기준으로 판단합니다. 다른 사람의 감정에 냉정하거나 무심하다는 인상을 줄 수 있으나, 본인은 이러한 평판에 크게 신경 쓰지 않습니다. 이 때문에 친밀한 관계를 맺는 데 시간이 오래 걸리거나 어려움을 겪기도 합니다.

둘째, 자신의 감정이나 경험을 잘 드러내지 않으며 독립적이고 개인적인 성향이 강하게 나타납니다. 거절과 비판에도 비교적 흔들림이 없고 둔감한 편입니다.

셋째, 타인의 인정과 지지에 큰 의미를 두지 않습니다. 자신 또한 타인에게 칭찬이나 지지의 표현도 잘하지 않는 편입니다.

💬 관계 속 '감정의 거리'에서 균형 찾기

관계 속에서 누군가는 감정을 먼저 읽고, 누군가는 상황을 먼저 판단합니다. 어느 쪽이 옳고 그른 것이 아닌, 자신의 기질을 이해하고 상황에 맞게 조율하는 적절함이 필요합니다.

실제 심리코칭 현장에서 사회적 민감성이 낮은 분들은 "상대의 감정까지 신경 쓰는 건 비효율적이다"라고 말하곤 힙니다. 감정에 신경을 쓸수록 피곤함이 더 커진다고 느끼기 때문입니다. 실제로 문제해결 과정에서 감정을 배제하면 객관성을 유지하는 데 도움이 되기도 합니다. 그러나 효율만 중시하다 보면 소통은 점차 줄어들고, 주변 사람들로부터 고립되어 외로움을 느끼는 경우가 많습니다. 이런 흐름이 반복되면 오해가 쌓여 관계가 멀어집니다.

반면, 사회적 민감성이 지나치게 높은 사람은 타인의 감정에 과도하게 신경을 쓰며 소위 '눈치 보는' 경향이 강해집니다. 타인의 감정에 쉽게 영향을 받다 보니 의존성이 높아지고, 자신의 주장은 점점 사라지게 됩니다. 타인을 배려한다는 명분 아래 자신을 희생하는 삶을 살게 될 수도 있습니다.

최근 한 요리 경연 프로그램에서 내향형의 요리사 한 분이 인터뷰에서 "지금까지 눈치 보며 살았는데, 지금부터는 내 페이스대로 가겠습니다"라고 말합니다. 그리고 자신의 말을 증명하듯 파이널에서 가장 먼저 우승 후보에 오릅니다. 관계 속에서 눈치를 보며 끌려다니는 것은, 결국 타인의 손에 내 삶을 맡기는 것과 다르지 않습니다. 소통의 중심은 언제나 내 안에 있어야 합니다.

사회적 민감성이 높고 낮음 중 어느 한쪽이 옳다고 말할 수는 없습니다. 중요한 것은 자신의 기질을 이해하고, 강점은 살리되 부족한 부분은 의식적으로 보완해 나가는 균형입니다.

사회적 민감성이 높은 사람은 자신이 타인을 지나치게 살피고 있음을 자각하고, 한걸음 '멈춤'을 통해 상황을 객관적으로 바라보는 연습이 필요합니다. 반대로 낮은 사람은 자신의 주장만 앞세우기보다 잠시 '멈춤'으로써 상대의 표정과 감정, 행동을 관찰하고 이해하는 노력이 필요합니다.

이러한 작은 '멈춤'이 쌓일 때 비로소 서로를 이해하고 존중할 수 있는 적절한 '관계의 거리'가 만들어집니다.

5

소통에도 균형이 필요합니다

사람마다 관계를 맺고 소통하는 방식은 서로 다릅니다. 그런데 그 차이가 때로는 함께 일하는 사람들 사이에서 어려움을 만들기도 합니다.

흔히 '독불장군'이라 불리는 유형이 있습니다. 이들은 목표지향적이고 유능하지만, 자신의 성취에 도취된 나머지 소통과 관계를 불필요한 것으로 생각하고, 주변의 의견을 귀담아듣지 않습니다. 이들은 단기적으로는 성과를 낼 수 있겠지만, 주변 사람들은 그와 '함께' 일하는 즐거움을 느끼지 못합니다.

반면, 사람들과 대화할 때는 수용적이지만 책임을 회피하는 유형도 있습니다. 예상치 못한 문제가 발생하면 결정의 근거를 주변 동료와 리더에게 의존하거나 책임을 돌리는 사람들입니다.

건강한 관계와 소통은 자신의 삶을 책임지는 목적지향적인 '자율성'*과 주변 사람을 헤아리는 따뜻한 '연대감'*이 균형을 이룰 때 가능합니다. 이러한 상태를 '성격의 성숙'이라고 합니다. 성격의 성숙은 자신의 타고난 기질인 '자극추구' '위험회피' '사회적 민감성'을 깊이 이해하고 수용하는 과정에서 이루어집니다. 자신의 기질을 잘 다스린다면 '자율성'과 '연대감'이 높아지고, 이는 대화와 관계를 보다 긍정적인 방향으로 이끕니다.

💬 매일의 선택이 나를 지키는 소통을 만든다 : '자율성'

자율성이란 자신이 선택한 목표를 향해 스스로 행동하고 실천하는 능력으로, 자기 삶의 방향을 주도적으로 이끌어 가는 성격적 특성입니다. 자율성이 높은 사람에게는 몇 가지 특징이 있습니다.

첫째, 목적지향적입니다. 자신의 목표를 향해 꾸준히 나아가며, 과정에서 마주치는 난관이나 어려움도 자기비난이나 외부 탓으로 돌리기보다 스스로를 성찰하며 해결책을 찾으려 노력합니다. 목표를 이루는 과정에서 힘든 요인이 있어도, 당장의 욕구

---

*   '자율성'과 '연대감'은 (주)마음사랑의 TCI 검사 시 사용되는 공식명칭입니다.

를 조절하고 장기적인 성취를 위해 인내할 수 있습니다.

둘째, 자신에 대한 믿음, 즉 자기효능감을 가지고 있습니다. 스스로 무언가를 성취할 수 있다는 믿음이 내면에 자리하고 있으며, 어려움에 부딪히더라도 이를 도전과 기회의 발판으로 삼아 문제를 해결하려는 태도를 보입니다

셋째, 자기수용력과 실행력을 갖추고 있습니다. 자신의 강점과 한계를 있는 그대로 받아들이고, 이를 바탕으로 현실적인 목표를 세워 꾸준히 실천합니다. 상황이 기대만큼 흘러가지 않더라도 책임을 회피하지 않고 스스로 해결방안을 모색합니다.

자율성은 타고난 성향이 아니라, 자신의 기질을 수용하며 삶의 경험 속에서 서서히 길러지는 역량입니다. 자신의 한계를 받아들이고, 더 나은 자신을 향해 나아가게 하는 내면의 힘입니다.

결국 자율성이 높은 사람은 자신에 대한 만족감과 자신감을 지니고 있으며, 타인에게도 신뢰를 주는 사람으로 비춰집니다.

반대로 자율성이 낮은 사람은 어려운 상황에서 책임을 외부로 돌리는 경향을 보이기도 합니다. 자신의 삶을 주도적으로 이끌기보다 환경이나 타인의 영향에 쉽게 흔들리며, 목적이 분명하지 않아 선택의 순간에 방향을 잡지 못하고 방황합니다. 이런 경험이 반복되면 스스로 무력감을 느끼게 되고, 장기적인 계획을 세워 실행하는 일조차 버거워집니다. 이는 능력의 문제가 아

니라, 자신을 이해하고 스스로를 이끌어 가는 힘을 충분히 기르지 못한 상태입니다.

자율성은 특별한 재능이 아니라, 누구나 자신의 삶에서 선택할 수 있는 방향성입니다. 우리는 매일의 선택과 실행 속에서 때로는 실수도 하지만 그 경험을 통해 성장합니다. 삶의 방향에 흔들리는 순간이 찾아오더라도, 다시 목표를 다잡고 앞으로 나아가는 것이 자율성의 힘입니다. 스스로에 대한 믿음과 중심이 있을 때 우리는 내면의 힘을 만들어 갈 수 있습니다.

💬 상대를 이해할 때, 비로소 대화가 시작된다 : '연대감'

연대감은 타인을 향한 공감적 태도를 의미합니다. 앞서 살펴본 사회적 민감성이 감정적인 반응에 가깝다면, 연대감은 보다 인지적이고 의식적인 태도라고 할 수 있습니다. 연대감이 높은 사람들에게는 몇 가지 특징이 있습니다.

첫째, 타인의 입장에서 상황을 헤아릴 줄 아는 깊이를 지니고 있습니다. 자신의 관점만으로 상대를 판단하지 않고, 상대방의 욕구와 입장을 고려하며 배려합니다.

둘째, 상대에게 실질적 도움을 주고자 하는 마음이 큽니다.

개인 간의 관계뿐 아니라 조직 안에서도 협력적이고 조화로운 분위기를 만드는 데 기여합니다.

셋째, 타인의 실수를 관대하게 용서할 줄 압니다. 실수를 비난하기보다 이해하고 포용하는 태도를 보입니다.

넷째, 일관된 기준과 원칙을 지키는 태도를 보입니다. 공정한 태도로 타인을 대하며, 설령 자신이 손해를 보더라도 원칙을 지키려는 모습은 안정적이고 신뢰할 수 있는 사람으로 인식되게 합니다.

반대로 연대감이 낮은 사람은 타인의 입장을 충분히 고려하기보다 자신의 관점을 우선시하는 경향을 보입니다. 타인의 실수나 결점에 대해 포용력이 부족하며, 자신만의 엄격한 잣대를 타인에게 적용하여 비판적인 시각을 고수합니다. 또한 누군가에게 상처를 입었을 때, 이를 정서적으로 소화하기보다 '받은 대로 돌려줘야 한다'는 보상심리나 복수심을 느끼기도 합니다. 이는 관계를 멀어지게 하는 요인이 됩니다.

💬 다정함은 성숙한 지능이다

사회적 민감성이 타고난 기질이라면, 연대감은 상대의 입장에서 상황을 바라보고, 그 마음을 헤아리려는 인지적이고 의식적인 태도입니다.

사회적 민감성이 높은 사람은 타인의 정서적 신호를 세심하게 인식하는 경향성이 있기 때문에 연대감을 키우는 데 상대적으로 유리합니다. 다만 연대감이 낮게 나타난다면 관계 속에서 상처받았던 경험이 반복되어 스스로를 보호하고자 공감의 스위치를 꺼놓은 상태일 수 있습니다.

반대로 사회적 민감성이 낮은 사람에게서 연대감이 낮게 나타나는 경우는 자신이 타고난 기질에 따라 익숙한 방식대로 살아온 결과입니다. 다만 사회적 민감성이 낮은 사람이 연대감을 높였다는 것은 단순한 성격 변화가 아니라, 자신의 기질을 인정하면서도 관계를 위해 의식적으로 행동을 조정하고 변화시켜온 '성숙한 노력'을 의미합니다.

관계를 이어간다는 것은 상대의 실수를 비난하기보다 이해하고 관대하게 받아들이는 태도를 갖는 일입니다. 누군가의 실수를 마주했을 때 '나는 저런 실수를 한 적이 없을까?'라고 스스로에게 물어보면, 내가 실수했을 때 관대하게 봐준 어른과 친구, 동료가 떠오를 겁니다. 그 기억은 '나 역시 누군가에게 그런 사람이 될 수 있다'는 선택과 동시에 관용의 마음으로 이어집니다.

연대감을 높인다는 것은 상대를 바라보는 '의식의 다정함'을 쌓아가는 과정이자, 관계를 더욱 깊어지게 하는 일입니다.

진정한 소통은
자기이해에서 비롯됩니다

진정한 소통은 '자율성'과 '연대감'이 균형을 이룰 때 비로소 가능해집니다. 자율성은 높지만 연대감이 낮을 경우 자신만을 중심에 두는 자기애적 경향이 두드러질 수 있고, 반대로 연대감은 높지만 자율성이 낮은 경우에는 타인을 위해 자신을 희생하거나 주도적으로 의사표현을 하지 못하는 모습이 나타날 수 있습니다.

	연대감 높음	연대감 낮음
자율성 높음	성숙한 소통형	독불장군형
자율성 낮음	관계 우선형	거리 유지형

이러한 특성을 바탕으로, 우리는 자율성과 연대감의 조합에 따라 4가지 소통성향으로 나누어 볼 수 있습니다.

💬 성숙한 소통형 : 관계의 조화를 이룬다

첫 번째 유형은 자율성과 연대감이 모두 높은 '성숙한 소통형'입니다. 이들은 목표가 분명하며, 자신에 대한 긍정적인 인식을 바탕으로 삶을 능동적으로 이끌어 갑니다. 동시에 타인과의 관계에서도 지지적이고 협력적인 태도를 유지하며, 관계의 조화를 중요하게 여깁니다. 자신의 의견과 주장을 분명히 표현할 뿐 아니라, 상대의 말을 경청하고 공감하는 성숙한 태도를 보입니다.

기획팀의 김 대리는 업무능력과 배려심을 모두 갖춘 실무자입니다. 전사 행사 기획을 맡아 부서 간 의견충돌로 일정 조율이 어려워졌을 때, 김 대리는 자신의 일정을 꼼꼼히 정리해 여유를 확보한 뒤 마케팅팀 팀장에게 먼저 연락했습니다. "마케팅팀의 입장을 충분히 이해합니다. 저희 쪽에서도 가능한 부분을 조정해 보겠습니다"라며 협의를 이끌어 냈습니다. 그는 감정에 휘둘리지 않고 주도적으로 방향을 정하면서도 상대의 입장을 세심하게 고려했습니다. 그 결과 프로젝트는 마찰 없이 마무리되었고, 동료들 사이에서

‘김 대리와 함께하면 일이 수월하다’라는 높은 신뢰를 얻었습니다.

성숙한 소통형은 어려운 상황에서도 남 탓을 하거나 감정에 치우치지 않습니다. 자신의 상황을 주도적으로 책임지되(자율성), 상대방의 입장을 배려하며(연대감) 최선의 해결책을 찾으려 노력합니다. 즉, ‘책임’과 ‘공감’이 균형을 이루는 소통을 합니다.

💬 독불장군형 : 자신의 성취에만 몰두한다

두 번째 유형은 자율성은 높지만 연대감이 낮은 ‘독불장군형’입니다. 이들은 자신의 의견에 강한 확신과 추진력을 가지고 있으며, 스스로 주도적으로 일을 이끌어 갑니다. 하지만 타인의 의견에는 관심이 적고, 다른 관점을 수용하지 않는 태도를 보입니다. 상대의 작은 실수를 비난하거나 평가하는 말투를 보이며, 대화를 일방적으로 주도하려는 경향이 있습니다. 또한 관계보다는 개인의 입장을 우선시하고 편파적으로 행동하는 경향이 있어, 팀워크보다는 개인 성과 중심으로 비치기 쉽습니다. 성과는 낼 수 있지만, 신뢰관계가 형성되기 어렵다는 한계가 있습니다.

박민수 과장은 책임감이 강하고 목표를 효율적으로 달성하는 유능한 인재입니다. 하지만 동료들과의 협력에는 관심이 적고 타인의 의견이나 감정에는 무관심합니다. 자신보다 역량이 부족한 동료를 무시하거나, 특정인에게 일을 몰아주는 등 공정하지 못한 태도를 보이기도 합니다. 결과적으로 박 과장은 업무성과는 뛰어날지 몰라도 팀워크가 필요한 상황에서는 고립되거나, 동료들로부터 '이기적'이라는 평가를 듣게 됩니다.

독불장군형은 자신에게 엄격한 만큼 타인에게도 동일한 기준을 적용하는 경향이 있습니다. 동료의 실수나 부족함을 포용하기보다 비판적인 피드백을 직설적으로 전달합니다. 이러한 태도는 단기간에 효율을 높일 수 있지만, 관계를 잃게 되는 상황에 놓이기도 합니다. 유능함에도 불구하고, 주변 사람들과 심리적 거리감이 생기며 관계의 소외와 고립으로 이어집니다.

💬 관계 우선형 : 타인의 기대에 자신을 맞춘다

세 번째 유형은 자율성은 낮지만 연대감이 높은 '관계 우선형'입니다. 이들은 타인의 감정과 입장에 매우 민감하게 반응하며, 상대방의 의견을 우선시하려는 경향이 있습니다. 자신의 생각이

나 감정보다는 타인의 기대에 맞춰 행동하려다 보니 거절이나 반대 의견을 내는 것을 무척 힘들어합니다. 이러한 태도는 겉으로는 배려심이 깊어 보일 수 있지만, 실제로는 의사결정의 주도권을 타인에게 넘기는 것과 다르지 않습니다. 스스로 방향을 잡기보다는 주변에 의존하는 경향이 강하며, 중요한 선택 앞에서도 책임을 회피하거나 결정 자체를 미루는 태도를 보입니다.

김소연 대리는 동료의 어려움을 잘 알아차리고 기꺼이 돕는 '착한 사람'입니다. 팀 내 갈등이 생기면 중재자 역할을 자처하며 분위기를 부드럽게 만듭니다. 하지만 정작 자신의 업무에 대해서는 주도적인 계획을 세우거나 스스로 문제를 해결하는 데 어려움을 겪습니다. 명확한 지시가 없으면 무엇을 해야 할지 몰라 갈팡질팡하고, 실수했을 때는 은연중에 남 탓을 하기도 합니다. 김 대리는 동료들 사이에서 배려심은 인정받지만, 자기 업무의 책임감이나 주도성이 부족해 상사로부터 성장 가능성에 대한 우려를 듣고 있습니다.

연대감은 높지만 자율성이 부족한 관계 우선형의 경우 자신의 삶을 주체적으로 이끌기 어려워지고, 관계 안에서 지나치게 타인의 기대에 휘둘리는 모습으로 이어질 수 있습니다.

 ## 거리 유지형 : 무관심으로 자신을 보호한다

네 번째 유형은 자율성과 연대감이 낮은 '거리 유지형'입니다. 이들은 겉으로 보기에도 무기력하거나 무관심한 태도를 보이며, 삶에 대한 주도성이나 관계에 대한 욕구가 낮아 보입니다. 내면적으로는 자신을 부족한 사람이라고 여기거나, 스스로에 대한 확신이 없는 경우가 많습니다. 타인과 관계를 맺는 일에도 소극적이며, 사회적 상호작용 자체에 부담을 느끼기도 합니다. 일부는 외적으로 자신감 있는 모습을 보이기도 하지만, 실제로 는 삶을 주체적으로 이끌어 가거나 의미 있는 관계를 형성하는 데 어려움이 있습니다. 이들은 의사결정에서도 책임을 회피하고, 갈등을 피하려 하며, 감정적 연결도 최소화하는 방향으로 행동합니다.

최정우 주임은 주어진 업무를 소극적으로 처리하며, 자신의 일에 책임감을 크게 느끼지 않습니다. 문제가 생기면 해결책을 찾기보다 변명을 늘어놓거나 상황을 피하려고만 합니다. 동료들과의 관계에서도 비협조적이며 타인의 어려움에 무관심합니다. 회의 중에도 적극적으로 의견을 내지 않고 팀의 목표에도 별다른 관심을 보이지 않습니다. 결국 조직 내에서 존재감이 약해지고 동료들과의 신뢰 관계도 형성하지 못해 낮은 성과와 평판에 머물러 있습니다.

거리 유지형의 경우 자기이해와 내면의 회복이 먼저 이루어지지 않으면, 조직과 관계 속에서 점점 고립되고 자신감과 동기마저 약해질 수 있습니다.

💬 자신의 내면에서부터 시작하는 소통

'자율성'과 '연대감'의 성격 이해를 통해 자신이 어느 유형에 가까운지 살펴보고, 보완이 필요한 부분부터 조금씩 연습하는 것이 소통능력을 키우는 데 도움이 됩니다.

만약 스스로 자율성이 낮다고 느낀다면, 삶의 방향과 목표를 명확히 세워야 합니다. 그리고 그 목표를 향해 작은 계획을 세우고 하나씩 실천해 보기 바랍니다. 실수를 했을 때는 자책이나 비난보다 "괜찮아, 나는 성장하고 있어"라고 스스로를 다독이며, 자기 긍정의 태도를 기르는 연습이 필요합니다.

연대감이 낮다고 느껴진다면, 상대가 나와 다르다는 이유로 쉽게 비난하거나 판단하고 있는 건 아닌지, 내가 타인을 바라볼 때 지나치게 높은 기준이나 잣대를 들이대고 있는 건 아닌지에 대해 스스로를 돌아봐야 합니다. 그 기준과 잣대를 내려놓고, 상대를 있는 그대로 받아들이는 연습을 한다면 타인과의 관계는 한층 더 편안해질 수 있습니다.

자기이해를 기반으로 소통을 하더라도 언제나 기대와 같은 결과로 이어지지는 않습니다. 가령, 자율성이 낮고 연대감이 높은 '관계 우선형'은 소통방법을 배우고 실천하더라도 결과가 기대와 다를 때 자책하거나 부끄러움을 느끼기 쉽습니다. 자신이 한 말을 곱씹으며 '괜히 그렇게 말했나' 하고 스스로를 탓하기도 하고, 수치심에 빠지기도 합니다. 이렇게 불편한 감정을 경험하면 우리는 익숙했던 예전의 소통방식으로 되돌아가려 합니다. 이를 '항상성의 원리'라고 하는데, 변화보다는 기존의 익숙한 방식으로 돌아가려는 심리입니다.

이처럼 익숙한 방식으로 되돌아가려는 순간, 자신이 현재 어떤 유형에 머물고 있는지 차분하게 살펴봐야 합니다. '이 부분은 내가 잘했지만, 저 부분은 부족했구나'라고 자신을 되돌아보며, 자신의 내면에 다시 힘을 쌓아가는 겁니다. 성숙한 소통은, 자신의 내면을 단단히 세운 뒤에 타인의 마음을 헤아리고 함께 공존하려는 태도입니다.

PART 2

관계를 잇는 '숨', 소통을 여는 '멈춤'

진정한 소통은
'너와 나'의 만남에서 시작

"이번 주 금요일 16시까지 최종 보고서를 제출하세요. 결론은 한 페이지로 요약하고, 수치는 최근 6개월 데이터로 변경해 주세요."

박 팀장은 주간회의에서 업무를 지시했습니다. 지시사항은 명확했고, 팀원들은 고개를 끄덕이며 질문 없이 회의를 마쳤습니다. 모두가 "알겠습니다"라고 말했으니, 전달 내용에 대한 혼선이나 오해는 없어 보였습니다.

하지만 회의가 끝난 후, 한 팀원은 동료에게 이렇게 털어놓았습니다. "팀장님이 지시하신 내용은 다 이해했어요. 하지만 이번 달에만 벌써 몇 번째 야근인지 모르겠네요. 이제는 정말 한계인 것 같아요."

보고서는 마감에 맞춰 제출되었으나 팀원은 마음속으로 팀장과의 소통이 단절되었다고 느꼈습니다. 팀원의 열정은 식었고, 이후 회의에서 그의 말수는 눈에 띄게 줄어들었습니다.

〈표준국어사전〉에서는 소통疏通을 '뜻이 통하여 서로 오해가 없음'이라고 정의합니다. 그렇다면 단순히 뜻이 통하고 서로 오해가 없다는 것만으로 우리는 정말 "소통이 되었다"라고 말할 수 있을까요?

앞선 사례에서 박 팀장은 업무내용을 명확하게 전달했기 때문에 '소통되었다'라고 확신했지만, 정작 팀원 입장에서는 소통되었다고 느끼지 못하고 있습니다.

소통은 '의미의 전달'에서 멈추지 않습니다. 상대의 반응을 살피며 대화의 속도와 방식, 그리고 상대가 느끼는 심리적 부담까지 고려하며 관계를 조율해 가는 과정입니다. 즉, 진정한 소통은 메시지의 정확한 전달을 넘어, 상대의 반응을 살피고 서로의 마음을 헤아리고 연결해 가는 과정입니다.

💬 성숙한 소통자가 갖추어야 할 5가지 태도

커뮤니케이션 전문가 존 위만John M. Wiemann은 성숙한 소통자가 갖추어야 할 능력으로 '행동적 유연성' '상호작용 관리' '감정적

이입(공감)’ ‘협력과 지지’ ‘사회적 긴장완화’의 5가지 요소를 제시합니다.

첫째, 행동적 유연성입니다

소통의 역동적인 상황 속에서 자신의 지식과 방식만을 고집하지 않고, 상대와 상황에 맞게 유연하게 대처하는 능력입니다.

앞선 사례에서 박 팀장이 팀원의 피로도를 감지하고 마감기한이나 업무량을 조정했다면 ‘행동적 유연성’을 발휘한 것입니다.

“요즘 업무가 많죠. 이번 건은 조금 촉박하지만 가능할까요?”

“현재 업무량을 고려하면 일정 조정이 필요할까요?”

위와 같은 조율의 시도가 있었다면, 결과는 달라졌을 겁니다. 하지만 이러한 조율 없이 과업 중심의 전달방식만 유지되었고, 상황에 맞춘 조정은 이루어지지 않았습니다. 소통에서는 행동적 유연성을 발휘하는 것이 성숙한 소통자가 갖추어야 하는 필수요건입니다.

둘째, 상호작용 관리입니다

소통은 일방통행이 아닌 양방향 상호작용입니다. 상호작용

관리는 상대의 언어적·비언어적 메시지를 주의 깊게 관찰하며 대화의 흐름을 조절하는 능력을 말합니다. 말의 순서를 배려하고, 침묵의 의미를 읽으며, 대화의 끊김을 자연스럽게 이어가는 겁니다. 자신의 메시지를 전달할 뿐만 아니라, 상대의 욕구를 인식하고 대화를 이끌어 가는 '타인 지향적' 태도를 포함하며, 다음과 같이 표현할 수 있습니다.

"다른 의견이 있다면 말씀해 주세요."

"제가 놓친 부분이나 추가로 알아야 할 사항이 있을까요?"

그러나 박 팀장의 회의에서는 질문은 없고, 자유롭게 의견을 나눌 수 있는 상호작용도 이루어지지 않았습니다. 질문을 통해 대화의 흐름을 조절하고 자유롭게 의견을 낼 수 있도록 분위기를 만드는 능력이 부족하다 보니 팀원들의 중요한 메시지는 침묵 속에 묻히게 되고, 결국 신뢰를 잃게 됩니다.

셋째, 감정적 이입(공감)입니다

상대방의 입장에서 생각하고 그들의 느낌을 공유하는 능력으로, 단순히 불쌍히 여기는 '동정심'과는 구별됩니다. 상대의 어려움을 이해하려는 능동적인 노력이며, 다음과 같이 표현할 수 있습니다.

"다들 계속된 야근으로 인해 많이 피곤하고 힘들죠?"

그러나 박 팀장은 업무 과다로 힘들어하는 팀원들의 표정을 이해하고 정서적 상태(피로, 누적된 야근, 한계감)를 공감하는 능력이 부족했습니다. 그 결과 팀원들은 업무내용은 이해했지만, 정작 자신들의 상황은 무시당했다고 느끼며 마음의 문을 닫게 됩니다. 이는 정보를 전달하는 인지적 소통은 있었지만 마음을 나누는 정서적 소통은 부재하여 소통의 단절을 초래하게 됩니다.

넷째, 협력과 지지입니다

상대의 사회적 이미지나 스타일을 존중하고 확인해 주는 능력입니다. 이 능력이 높은 사람은 상대가 존중받고 있다는 느낌을 받게 함으로써 심리적 안전감을 바탕으로 한 협력적 관계를 구축합니다.

다섯째, 사회적 긴장 완화입니다

타인과의 대화에서 평온함을 유지하며, 부정적인 반응이나 비판적 상황을 능숙하게 관리하는 능력입니다. 이 능력이 부족하면 갈등상황을 회피하게 되어 대화가 단절되기 쉽습니다. 긴장을 낮추고 편안한 분위기를 조성할 때 비로소 진솔한 대화가 가능해집니다.

💬 진정한 소통은 '너와 나'의 만남에서 시작된다

소통에서 필요한 것은 '오해 없는 정보 전달'입니다. 그러나 우리가 진정으로 원하는 소통은 단순히 정보가 오고 가는 차원에 머물지 않습니다.

대화의 철학자 마르틴 부버Martin Buber는 "모든 참된 삶은 만남에 있으며, 그 만남을 가능하게 하는 것이 대화"라고 말합니다. 그는 인간의 관계를 '나와 너Ich-Du의 관계'와 '나와 그것Ich-Es의 관계'로 구분합니다.

먼저 '나와 그것의 관계'에서 '그것'은 비인격적이고 비대화적인 관계를 의미합니다. 상대방(그것)은 나에게 필요한 정보를 제공하거나, 내 목적을 달성하기 위한 '수단'과 '대상'일 뿐입니다. 이 관계에서는 상대의 감정과 마음을 헤아릴 필요가 없습니다. 반면, '나와 너의 관계'에서 '너'는 인격적이고 대화적인 관계입니다. 상대를 나와 동등한 독립된 인격체로 인정하고, 진심으로 마주하는 관계입니다. 이 둘의 차이는 사람을 도구로 보느냐, 아니면 고유한 인격체로 존중하느냐에 달려 있습니다.

성숙한 소통을 한다는 것은 '나' 중심에서 벗어나 '우리'를 고려하는 능력을 의미합니다. 지금 내가 소통하고 있는 상대를 '나를 돕기 위한 수단'으로 바라보고 있는지, 아니면 '한 사람'으로서 있는 그대로 존중하고 있는지를 자문해 본다면 자신의 소통 수준이 분명해집니다.

결국 성숙한 소통이란, 상대와 어떤 관계를 맺고 싶은지에 대한 나의 생각이 소통의 방향과 깊이를 결정합니다.

좋은 소통이란 말을 잘하는 것만을 의미할까요? '우리는 어떤 사람과 대화하고 싶어 하는가?'에 대해 곰곰이 생각해 보면, 말이 유창한 사람보다는 '믿고 대화할 수 있는 사람'과 소통하고 싶어 합니다. 실제로 연차가 쌓인 리더들은 "팀원 시절에는 논리적으로 말을 잘하는 것이 좋은 소통이라 생각했었는데, 리더가 되어 보니 타인의 마음을 헤아리고 공감하는 것이 진짜 소통이었다는 것을 비로소 깨닫게 되었다"고 말합니다. 그래서 많은 리더가 부족한 공감능력을 보완하기 위해 소통하는 법을 배우려 노력합니다.

그렇다면 좋은 소통에는 공감과 논리성만 있으면 충분할까요? 물론 이 두 요소는 반드시 필요하지만, 이것만으로는 충분하지 않습니다. 아무리 공감능력이 뛰어나고 논리가 정교해도, 말하는 사람의 태도와 일관성이 무너지면 그 소통은 쉽게 신뢰를 잃기 때문입니다.

💬 화려한 표현보다 중요한 것은 말에 담긴 신뢰

마케팅팀에서 대리로 근무하던 시절, 콘텐츠팀의 한 부장님은 대외적으로 타인의 감정을 잘 읽고 일 처리가 능숙하기로 정평이 나 있는 리더였습니다. 하지만 그 부장님의 가장 큰 문제는 감정조절이 되지 않는다는 점이었습니다. 업무가 뜻대로 풀리지 않으면 귀에 꽂고 있던 헤드셋을 내던지거나, 상황이 마음에 들지 않는다는 이유로 갑자기 회의를 소집해 팀원들의 업무 흐름을 끊어버리곤 했습니다.

시간이 지나며 알게 된 사실은 그분의 공감이 '관계를 위한 공감'이라기보다 '필요할 때만 꺼내 쓰는 수단적 공감'에 가까웠다는 점입니다. 자신의 입장을 최우선으로 여기며 타인을 이해하기보다 통제하려는 태도가 반복되면서 팀원들 간의 신뢰는 빠르게 무너졌습니다. 결국 대부분의 팀원이 부장님에게서 마음의 거리를 두게 되었습니다.

어느 날, 퇴사를 고민하는 팀원을 따로 불러 부장님이 공감하며 이야기를 들어주었다는 소식이 들렸습니다. 걸으로 보기엔 따뜻한 장면이었지만, 팀 분위기는 달라지지 않았습니다. 사람들은 그저 '상황을 수습하려는 건가 보다' 정도로 받아들였고, 그 공감에 고마움을 느끼는 사람도 없었습니다. 공감이라는 '행동'은 있었지만, 진심이 담긴 공감은 아니었기 때문입니다. 이미 신뢰를 잃은 상태였습니다.

우리는 소통을 이야기할 때 논리적으로 말하는 기술이나 공감표현 방법에 초점을 맞추곤 합니다. 그러나 이보다 중요한 건 '말하는 사람이 누구인가'에 달려 있습니다. 말하는 사람이 평소 말과 행동이 일치하는지, 책임을 회피하지 않는지, 상대를 존중하는 태도가 일관되는지에 따라 사람들은 그 말을 들을지 말지 결정합니다.

설령 말하는 사람의 표현이 투박하고 공감이 서툴더라도 신뢰가 쌓인 사람의 말이라면 사람들은 기꺼이 귀를 기울입니다. 소통의 핵심은 화려한 대화의 기술이 아니라, '말하는 사람의 신뢰'에 달려 있습니다. 즉, 소통의 본질은 기술이 아니라 '말하는 사람'입니다.

💬 마음을 움직이는 세 가지 열쇠 : 에토스, 파토스, 로고스

아리스토텔레스는 사람을 설득하고 마음을 움직이기 위해서는 '에토스' '파토스' '로고스'의 세 가지 요소가 필요하다고 말합니다.

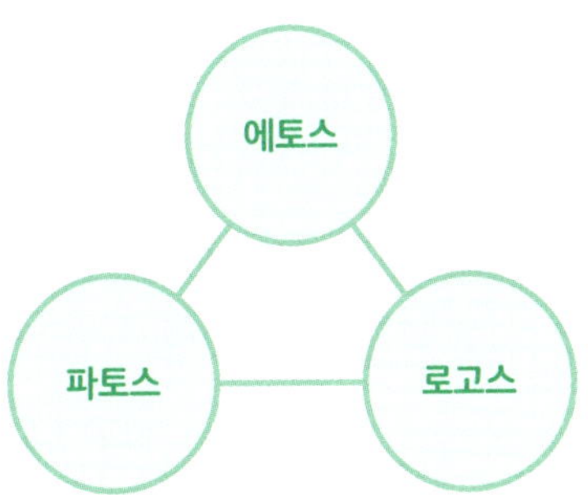

첫째, 에토스Ethos는 말하는 사람의 성품과 신뢰를 의미합니다. '저 사람은 믿을 만한가?'라는 질문에 대한 답이 바로 에토스입니다. 평소의 언행일치, 책임감, 타인을 대하는 일관된 태도 등이 누적되어 신뢰를 만듭니다. 즉, 에토스는 화자가 지닌 고유한 성품, 덕망, 신뢰감입니다.

둘째, 파토스Pathos는 청자의 마음에 공감하려는 태도입니다. 마음이 닫힌 상태에서는 아무리 논리적인 설명을 해도 귀에 들어오지 않습니다. 이때 화자의 "괜찮으세요?"라는 따뜻한 한마디나 진심 어린 공감은 이성보다 먼저 마음의 문을 열게 합니다. 파토스는 상대의 입장과 감정을 헤아리는 공감능력입니다.

셋째, 로고스Logos는 말의 논리와 이성적인 근거입니다. 객관적인 수치와 증거, 명확한 인과관계를 통해 상대가 이성적으로 납득할 수 있도록 돕는 논리정연한 표현입니다. 로고스는 청자가 화자의 말을 타당하다고 판단하게 만드는 이성적 설득입니다.

💬 소통은 기술이 아닌 신뢰에서 시작된다

강의 중에 '에토스' '파토스' '로고스' 가운데 소통에서 가장 중요한 요소가 무엇인지 질문하면, 많은 분들이 '파토스', 즉 공감을 꼽습니다. 하지만 아리스토텔레스는 '에토스'를 가장 중요하게 보았습니다. 에토스, 즉 신뢰가 무너진 상태에서 파토스는 오히려 '의도'로 의심받을 수 있기 때문입니다. 겉으로는 따뜻한 말(파토스)과 그럴듯한 논리(로고스)가 있어도, 화자에 대한 믿음이 없으면 그 메시지는 '가식'과 '부정적 의도'로 들리기 쉽습니다. 설령 진심을 말하고 있어도 '에토스'가 부족하면 그 의도는 변질되어 전달될 뿐입니다. 결국 중요한 건 '무엇을 말하느냐'보다 '누가 말하느냐'입니다.

우리는 상대의 논리가 조금 부족하고, 공감이 서툴러도 평소의 품행과 지금까지 보여준 말과 행동으로 그 사람을 믿고 경청하고자 합니다. 사람은 논리만으로 움직이는 존재가 아니기 때문입니다. 아리스토텔레스가 제시한 설득의 황금비율은 '에토스 60%, 파토스 30%, 로고스 10%'입니다. 이는 무엇을 말하는가보다 '누가 말하는가'가 중요하다는 점을 분명히 보여줍니다.

함께 일하는 사이는 하루 이틀 스쳐 지나가는 관계가 아닙니다. 오랜 시간 곁에서 지켜보고 함께 일하는 과정 속에서 '저 사람의 말이라면 믿을 수 있다'는 신뢰가 형성될 때 사람들은 기꺼이 함께합니다. 앞서 언급한 부장님의 사례는 에토스가 무너졌을 때 어떤 결과가 초래되는지 분명히 보여줍니다. 업무능력(로고스)은 갖추었을지 몰라도, 그가 보여준 공감능력(파토스)은 목적을 위한 '도구적 수단'에 불과했습니다. 평상시의 감정조절 실패와 언행불일치로 에토스, 즉 인격적 신뢰가 떨어진 겁니다. 진정한 소통은 화려한 표현의 기술이 아닙니다. 평소 내가 쌓아올린 신뢰가 진정한 소통의 시작입니다.

생각의 탄력성이 만드는 소통

"저 사람은 원래 그래."

우리는 종종 섣부른 판단과 평가로 인해 소통을 멈추곤 합니다. 하루 이틀 만나는 사이가 아니다 보니 시간이 쌓일수록 이른바 '관계의 직관', 즉 촉이 발동하기 때문입니다. 대부분은 자신의 직관이 틀린 적이 없다고 믿으며, 대화의 장벽을 쌓습니다. 하지만 그 직관이 정말 상대를 정확히 읽어낸 결과라고 단정할 수 있을까요? 때로는 내가 가진 기대나 편견으로 상대를 해석하고, 내 직관이 맞다는 증거만을 선택적으로 수집하며 관계의 방향을 성급히 결정해 버립니다.

심리학에서는 이처럼 자신이 가진 신념에 부합하는 정보만 선택적으로 받아들이고, 반대되는 정보는 외면하거나 축소하는 인지적 오류를 '확증편향'이라고 합니다. 이러한 확증편향은 머릿속 생각에만 머물지 않고, 실제 행동에까지 영향을 미칩니다. 자신의 직관이 옳다는 것을 증명하기 위해 무의식적으로 상황을 특정한 방향으로 몰고 가기도 하는데, 이를 '자기충족적 예언'이라 합니다. 이는 어떤 사람(상황)에 대한 믿음이 실제로 그 믿음대로 현실을 만들어 버리는 현상입니다.

가령, 상대에 대한 불신 때문에 대화에서 먼저 방어적인 태도를 취해 상대를 불편하게 만들었음에도 그로 인해 나타난 상대의 반응을 보며 '역시 저 사람은 안돼'라고 해석하며 자신의 생각을 더욱 확신합니다. 결국 나의 생각이 믿음을 만들고, 그 믿음이 다시 행동을 강화합니다.

이처럼 우리는 종종 직관을 사실로, 해석을 확신으로 굳혀버립니다. 그 순간 질문은 사라지고 소통은 단절됩니다. 이러한 소통의 오류를 줄이기 위해서는 자신의 생각을 확신으로 굳히기 전에 상대에게 질문하고 확인하는 과정을 거쳐야 합니다. 이 작은 확인이 소통의 오해를 줄이고 관계를 이어 줍니다.

💬 생각의 탄력성이 관계를 바꾼다

소통에서 중요한 능력 중 하나는 '생각의 탄력성'입니다. 이는 처음의 판단에 머무르지 않고, 상황을 다양한 각도에서 바라보며 해석을 유연하게 조절할 줄 아는 힘입니다.

기획팀 김 대리는 개발팀 박 과장과의 협업에서 초반부터 어려움을 겪고 있습니다. 미팅 때마다 김 대리가 질문하면 박 과장은 무표정한 얼굴로 짧게만 답하기 때문입니다. 몇 번의 불편한 대화 끝에 김 대리는 '저분은 협업하기 힘든 스타일이야'라고 결론을 내렸습니다.

이후 김 대리는 박 과장에게 메시지를 보낼 때 설명을 최소화했고, 필요한 정보만 질문하고 반응을 기다렸습니다. 회의시간에도 질문은 거의 하지 않은 채 결정된 사항만 일방적으로 처리하는 방식으로 업무를 진행했습니다.

반면, 개발자 입장의 박 과장은 일정이 촉박한 상황에서 기획 의도가 충분히 공유되지 않으니 답답함을 느꼈습니다. 김 대리가 소통을 최소화할수록 박 과장은 업무의 맥락을 파악하기 어려워졌고, 이는 다시 무거운 침묵으로 이어졌습니다. 프로젝트 후반에 결국 작은 오해들이 쌓여 일정이 흔들리자 김 대리는 확신에 찬 목소리로 말했습니다.

"역시 내 생각이 맞았어. 박 과장은 협업이 안 되는 사람이야."

그런데 다른 동료들의 평가는 김 대리와 정반대였습니다. 박 과장이 무뚝뚝해 보이긴 해도 동료의 부탁이라면 야근을 해서라도 꼼꼼하게 처리해 주는 책임감 넘치는 사람이라는 겁니다. 그런데도 김 대리는 '다른 사람하고는 잘 맞을지 몰라도, 나하고는 안 맞아'라며 자신의 생각만을 고집했습니다.

김 대리가 생각 속 혼잣말을 멈추고 박 과장에게 '질문'을 선택했다면, 상황은 지금과 달라졌을 겁니다.

"과장님, 제가 어떤 방식으로 정보를 드리는 게 편하실까요?"

"작업하시면서 불편한 점이나 더 필요한 정보가 있다면 말씀해 주세요."

'생각의 탄력성'을 높이는 가장 효과적인 방법은 자신의 해석을 확신으로 굳히기보다, 이해를 위한 질문을 하는 겁니다. 질문은 같은 상황을 다르게 바라보게 하고, 단정에서 대화로 방향을 바꿔 줍니다. 이러한 과정은 오해가 쌓이기 전에 관계를 회복할 수 있게 합니다.

💬 관계를 따뜻하게 만드는 WARM의 4단계

저는 강의와 심리코칭을 할 때 이런 제안을 합니다.

"마음속 혼잣말을 반 바퀴만 돌려, 상대에게 질문으로 바꿔 보세요."

자신의 생각이 100% 옳다고 확신하는 순간, 그것은 통찰이 아니라 편견이 됩니다. 확신에 찬 혼잣말 뒤에는 불편한 대화를 피하고 싶은 '회피동기'가 숨어 있기도 합니다. 질문 후 상대의 부정적인 반응을 감당하기 두려워 미리 두꺼운 벽을 세우기도 합니다. 그러나 그 두려움 때문에 진정한 대화를 나눌 기회, 의미 있는 관계를 맺을 기회를 놓치기도 합니다.

이때 필요한 것은 자신의 생각(해석)을 다시 점검하고, 시선을 유연하게 전환하는 것입니다. 이를 돕는 방법이 바로 WARM의 4단계입니다.

1단계) Who : 지금 내가 대화하는 대상은 누구인가?

내가 상대를 충분히 알기도 전에 미리 결론부터 내리고 있지는 않은지 점검하는 겁니다. 소통에서 우리가 자주 놓치는 것 중 하나는 상대의 특성과 상황에 따라 소통방식이 달라져야 함에도 자신의 방식만 고수하는 태도입니다. 사례 속 박 과장은 다소 무뚝뚝하게 들릴 수 있는 표현습관을 가지고 있습니다. 상대에 대한 편견을 줄이기 위해서는 말을 간결하게 하는 편인지,

업무속도를 중시하는지, 감정표현이 절제된 편인지 등의 특성
을 먼저 이해하려는 노력이 필요합니다.

2단계) Approach : 어떤 방식으로, 언제·어디서 접근할 것인가?

같은 말이라도 상황·시간·장소에 따라 전혀 다르게 전달됩
니다. 감정이 고조된 상태라면 대화를 잠시 멈추고, 대화를 시작
할 조건을 정하는 것이 좋습니다.

"지금 10분 통화 가능하실까요, 아니면 오후에 짧게 대면으로
이야기 나누는 것이 편하실까요?"

이처럼 상대가 선택할 수 있도록 접근방식을 제안하는 것이
핵심입니다. 이때 중요한 것은 '내가 편한 방식'이 아니라 '상대
가 받아들이기 편한 조건'을 배려하는 겁니다.

3단계) Resilience : 다른 관점, 다른 이유는 없을까?

'저 사람은 나와 맞지 않아'라고 단정하며 관계를 단절하는
극단적 결론 대신, 다른 관점에서 한 번 더 확인해 볼 필요가 있
습니다.

'그럴 만한 사정이 있었을까?'

'내가 지금 보고 있는 것은 사실일까, 아니면 내 해석일까?'

이처럼 자신에게 질문함으로써 관점을 확장하는 겁니다. 생
각을 사실로 굳히기보다, 가능성으로 열어두는 힘이 생각의 탄

력성입니다.

4단계) Message : 어떻게 표현할 것인가?

머릿속에 맴도는 혼잣말을 실제 대화로 연결하는 표현의 단계입니다.

'내 생각이 사실일 수도 있고, 아닐 수도 있어. 지금 내가 어떤 표현(질문)을 하는 것이 도움이 될까?'

이처럼 스스로에게 묻고 실제로 대화를 시작해 보는 겁니다. 표현이 시작되는 순간, 관계는 변화됩니다.

관계를 가족·친구·연인·직장으로 나누어 봤을 때 소통이 가장 어려운 곳으로 '직장'을 꼽는 분들이 많습니다. 친구는 거리를 둘 수 있지만, 직장은 생존과 연결되어 있어 현실적으로 떠나고 싶어도 쉽게 떠날 수 없기 때문입니다. 떠날 수도 없는데 참으면서 일하는 것만큼 고통스러운 일은 없습니다.

관계의 피로감 속에서 나를 지키고 상황을 주도적으로 이끌어 가기 위해서는 타인을 향한 시선을 잠시 거두고 내 안의 목소리에 귀를 기울여야 합니다. 잘못된 '혼잣말'로 스스로를 괴롭히는 것을 멈추고, 혼잣말을 질문으로 바꾸는 용기가 필요합니다. 그 용기가 결국 '일이 되는 관계'를 만들고, 그 용기가 당신의 직장생활과 관계를 따뜻하게WARM 변화시켜 줄 겁니다.

감정에 휘둘리지 않는 소통

'당신은 어떤 말이 마음속 불편한 발작 버튼을 누르게 하나요?'

대화에도 '감정의 발작 버튼'이 있습니다. 자신의 말이 무시당하거나 능력을 의심받을 때, 혹은 통제당하거나 억울하다고 느끼는 순간처럼 심리적 취약성이 건드려지면 대화는 멈추고 감정이 앞서게 됩니다. 이처럼 감정이 대화를 장악하면 대화는 본래 의도와 다른 방향으로 흘러갑니다. 전달하려는 핵심은 뒤로 밀려나고, 거친 표현이 튀어나오거나 상대의 말을 있는 그대로 듣지 못한 채 '오해'가 쌓이기 시작합니다. 결국 상대는 내용이 아닌, 감정만을 기억하게 됩니다.

이때 대부분의 사람들은 불편한 감정을 견디기 어려워 자신을 보호하기 위한 반응을 보이며, 대체로 다음 세 가지 방식으로 반응합니다.

첫째, '공격적 반응'입니다. 자신의 주장을 관철하기 위해 목소리와 태도가 강해지고, 상대를 설득하기보다 상대를 제압하려는 방향으로 대화가 기웁니다.

둘째, '회피·차단 반응'입니다. 침묵하거나 시선을 피하고, '말해봤자 달라지는 건 없어'라는 생각으로 마음의 문을 닫아버립니다.

셋째, '순응적 반응'입니다. 겉으로는 "네, 알겠습니다"라고 말하지만, 마음에서의 진정한 동의가 아니라 갈등을 피하기 위한 임시적인 마무리에 가깝습니다.

이러한 반응은 위협을 느낄 때 나타나는 스트레스 반응인 '투쟁-도피 반응'과 유사합니다. 위협을 감지하면 맞서 싸우거나(투쟁), 도망치거나(회피), 혹은 얼어붙듯 멈추는(순응) 반응입니다. 특히 기질적으로 '사회적 민감성'이 높은 사람일수록 갈등상황을 견디기 힘들어 회피나 순응을 선택하기도 합니다. 문제는 이런 반응이 반복될수록 감정의 불편함이 '소통을 가로막는 장벽'으로 굳어져 패턴화될 수 있습니다.

관계를 연결하고, 자신의 메시지를 잘 표현하기 위해서는 감정을 억누르는 것이 아니라, 먼저 감정을 알아차려야 합니다. 감정을 조절하여 흔들리는 마음의 중심을 잡을 때 '내가 전달하려던 본래의 메시지'를 전달할 수 있습니다.

감정은 외부자극(상황)에 대해 주관적으로 경험하는 반응입니다. 즉, 감정은 개인이 그 자극을 어떻게 해석하느냐에 따라 결정됩니다. 동일한 상황에서도 사람마다 느끼는 감정이 제각각인 이유가 여기에 있습니다. 이는 곧 감정이 우리의 통제 밖에 있는 게 아니라, 스스로 감정을 조절하고 선택할 수 있음을 의미합니다.

《죽음의 수용소에서》의 저자이자 로고 테라피의 창시자인 빅터 프랭클은 자극과 반응 사이의 공간에 대해 이렇게 말합니다.

"자극과 반응 사이에는 공간이 있다. 그 공간에 우리의 반응을 선택할 힘이 있으며, 그 선택에 우리의 성장과 행복이 달려 있다."

이 말은 감정을 억제하거나 회피하는 것이 아니라, 있는 그대로 수용한 뒤 어떻게 반응할지를 선택할 수 있는 '주도권'이 니에게 있음을 의미합니다. 일상에서 '감정의 발작 버튼'이 눌리는 순간 우리에게 필요한 것은 바로 이 '자극과 반응 사이의 공간'을 확보하는 겁니다. 상대의 말을 자극이라고 한다면, 자극이 들어오는 순간 즉각 반응해 버리면 후회할 말이 튀어나오거나 관계를 닫는 행동으로 이어지기 쉽습니다. 반대로 '감정의 발작 버튼'이 눌리는 순간 잠시 멈추고, '지금 내 감정은 무엇인지' '나는 어떤 반응을 선택할지'를 한 번 더 생각해 본다면, 지혜로운 반응을 선택할 수 있습니다.

자극과 반응 사이에 잠시 멈추고 공간을 마련하는 것이야말로 감정을 다스려 성숙한 대화로 나아가는 방법입니다. 이때 비로소 나와 상대가 연결되는 진정한 소통이 시작됩니다.

> - 자극(상대의 말) → 감정 폭발(즉각적 반응) = 후회와 말실수
> - 자극(상대의 말) → 감정 인식(멈춤) → 선택 → 반응 = 진정한 소통

하지만 실제로는 이 '잠시 멈춤'을 실천하기가 생각보다 쉽지 않습니다. 빅터 프랭클이 말한 '자극과 반응 사이의 공간'을 확보하기 어려운 이유는 우리의 머릿속에 그 공간을 순식간에 메워 버리는 '자동적 사고'가 작동하기 때문입니다. 자동적 사고는 특정 상황에서 과거 경험과 신념에 비추어 즉각적으로 떠오르는 해석과 평가를 의미합니다. 이것은 매우 빠르고 무의식적으로 지나가기 때문에 우리는 이것을 '해석'이 아니라 '사실'이라고 믿습니다. 결국 '잠시 멈춤'을 선택할 틈도 없이 자동적 사고가 만들어 낸 감정에 휩쓸리게 되는 겁니다.

💬 감정을 만드는 것은 상황이 아니라 해석이다

합리적 정서행동치료REBT의 창시자 앨버트 엘리스Albert Ellis는 '감정은 상황A, Activating Event 그 자체가 아니라, 그 상황에 대한 신념과 해석B, Belief이 행동의 결과C, Consequence를 만든다'고 정의했습니다. 그래서 같은 상황을 경험해도 개인의 신념과 해석에 따라 감정과 행동이 서로 다르게 나타날 수 있습니다.

두 팀원이 지각을 한 뒤 팀장에게 "시간 좀 엄수하세요"라는 피드백을 들었다고 가정하면, 동일한 상황(A)에서도 신념과 해석(B)에 따라 결과(C)는 다음과 같이 달라집니다.

- **상황(A)** : 지각 후 팀장에게 "시간 좀 엄수하세요"라는 말을 들음
- **신념/해석(B)** : (팀원 1) "왜 나한테만 그래? 나를 무시하나?"
- **결과(C)** : 짜증과 분노가 올라오고, 말투가 날카로워지거나 방어적으로 반응할 수 있음

- **신념/해석(B)** : (팀원 2) "지적받는 건 속상하지만 내가 늦은 건 사실이야. 내일부턴 10분 더 일찍 나서야겠어."
- **결과(C)** : 미안함과 후회가 들고, 사과하거나 개선계획을 세우는 행동으로 이어질 수 있음

상황은 동일하지만, 상황에 대해 어떻게 생각(해석)하는지에 따라 감정과 행동은 달라집니다.

합리적 정서행동치료REBT에서는 감정 그 자체를 좋고 나쁜 것으로 구분하지 않습니다. 대신 상황에 비추어 현실적이고 문제해결을 돕는 '적절한 정서'와 사실을 과장하거나 왜곡하는 비합리적 신념에서 비롯된 '부적절한 정서'로 구분합니다. 가령, 부당한 상황에서 느끼는 분노는 자신을 보호하고 변화를 촉구하는 적절한 정서일 수 있습니다. 그러나 '절대 용납할 수 없어' '이건 최악이야'와 같은 극단적이고 경직된 신념이 더해질 때 분노는 공격이나 단절로 이어지는 부적절한 정서로 확대됩니다.

결국 우리가 다룰 수 있는 것은 상황이 아니라, 그 상황을 바라보는 신념과 해석입니다.

💬 나를 지키는 멈춤의 기술, 내면의 3단계 소통법

감정은 내가 지금 무엇을 원하는지 알려주는 '메신저' 역할을 합니다. 감정에 휩쓸리고 있다는 건, 사실이 아닌 자신의 주관적 해석에 빠져 있다는 신호입니다. 감정이 찾아왔을 때, 감정이 나에게 알려주는 '메시지'가 무엇인지 먼저 살펴보길 바랍니다.

김 과장은 회의 중 팀장이 잠시 미간을 찌푸리는 모습을 보고 '내가 뭘 실수했나?'라는 생각에 휩싸여 불안해졌습니다. 회의가 끝난 후 팀장에게 확인하고 싶었지만, 팀장의 표정이 마치 자신에게 화가 난 것처럼 느껴졌습니다. 결국 팀장의 질문에도 제대로 답하지 못한 채 자책에 빠졌습니다. 그러다 '나처럼 말 못하는 사람은 조직의 리더가 될 수 없을 거야' '다른 사람들은 나를 한심하게 볼 거야' 같은 생각이 연달아 떠올랐습니다.

영업팀의 박 과장은 늘 자신감 넘치는 태도로 자신의 실적을 강조합니다. 주변에서는 '일 잘하는 선배, 동료, 리더'로 인정받지만 정작 마음속은 편치 않습니다. '다음 달에 이번 달만큼 성과가 나오지 않으면 어떡하지?'라는 불안에 밤잠을 설치곤 합니다. 겉으로는 여유 있어 보여도, 속으로는 '누군가 내 부족함을 알아차리면 어쩌지?'라며 자신의 부족함이 탄로 날까 두려워 조금만 불편한 피드백이 예상되어도 화제를 돌려 상황을 피해 버립니다.

겉모습은 다르지만 두 사람 모두 하나의 생각 위에 또 다른 생각을 덧붙이며, 불안에 불안을 키우고 그 감정에 이끌려 반응합니다. '사람들이 나를 어떻게 볼까?'라는 생각에 사로잡힌 나머지, 정작 지금 내 안에서 일어나는 감정을 충분히 알아차리지 못하고 있습니다.

감정을 관리하고 소통하기 위해서는 '감정을 없애는 것'이 아니라, 자극과 반응 사이에 잠깐의 공간을 만들어야 합니다. 내면의 공간이 확보될 때, 우리는 감정에 휩쓸리는 대신 선택할 수 있습니다.

그 멈춤을 가능하게 하는 방법이 바로 '내면의 3단계 소통법'입니다.

1단계) 알아차림

알아차림은 신체감각을 감지하고 감정에 이름을 붙이는 과정(라벨링)입니다. 감정은 대개 신체에서 먼저 신호로 나타납니다. 화가 나면 손에 힘이 들어가고, 목이 뻣뻣해지거나 머리가 지끈거릴 수 있습니다. 슬픔이 올라오면 목이 메거나 눈물이 고이는 식입니다. 이때 감정에 압도되지 않기 위해, 그 감정에 이름을 붙입니다.

"나는 지금 ○○의 감정을 느끼고 있구나."

"나는 지금 불안한 감정을 느끼고 있구나."

이때 감정을 '경험하는' 내가 아니라, '관찰하는' 나의 시선으로 바라보는 겁니다.

2단계) 6초의 호흡

감정은 6초의 짧은 순간에 절정을 이루고, 이후 약 90초 안에 천천히 가라앉기 시작합니다. 이 짧은 순간을 버티지 못해 우리는 후회할 말을 내뱉습니다. 감정이 격해진다면, 잠깐 멈추고 깊은 호흡을 선택합니다.

코로 깊게 숨을 들이마시고 입으로 천천히 내쉬며 마음속으로 숫자 6을 셉니다. 혹은 지금 눈에 보이는 사물 6가지(의자, 컵, 시계 등)를 찾아 이름을 되뇌어 봅니다. 이 짧은 순간의 '멈춤'이 경직된 사고를 유연하게 만들고 다음 반응을 선택할 수 있는 힘을 만들어 줍니다.

3단계) 감정 안의 '의도' 파악하기

마지막은 '내가 지금 전하고 싶은 말은 무엇인가'를 확인하는 단계입니다.

김 과장의 불안 뒤에 숨겨진 진짜 의도는 팀장에게 '정확한 업무 피드백을 받아 일을 잘 해내는 것'이었습니다. 의도를 알아차리면 "팀장님, 표정이 어두우신데 혹시 제가 놓친 부분이 있을까요?"라고 물어볼 용기를 낼 수 있습니다.

박 과장의 두려움 뒤에는 실적이 좋지 않아도 나라는 존재에 대해 '있는 그대로의 나를 인정받고 싶은 욕구'가 있습니다. 타인의 시선과 싸울 것이 아니라, "이번 달도 충분히 잘했어"라고 스스로에게 건네는 긍정적 자기대화가 필요합니다.

　감정은 지금 나에게 무엇이 필요한지 알려주는 내면의 신호입니다. 이 신호를 알아차리지 못하면 생각에 갇혀 관계를 악화시킬 수 있습니다. 감정에 휘둘리기보다, 잠시 멈추고 선택할 때 우리는 더 나은 결과를 만들어 낼 수 있습니다. 결국 감정의 중심을 잡는다는 것은 나를 존중하고, 동시에 타인을 존중하는 대화를 선택하는 일입니다. 오늘의 작은 변화가 더 나은 관계와 삶을 만들어 줄 것입니다.

PART 3

관계를
잇는
대화의
기술

영화 〈인사이드 아웃〉에서 라일리의 상상 속 친구 '빙봉'은 소중했던 추억의 로켓이 심연으로 사라지자 깊은 절망에 빠집니다. 이때 주인공 '기쁨이'는 "다 잘될 거야" "기운 내" "우리가 해결할 수 있어"와 같은 긍정적인 말로 위로하려 하지만, 그 말은 오히려 빙봉을 더 큰 무력감 속으로 몰아넣습니다.

그 순간 '슬픔이'가 조용히 다가와 빙봉 곁에 앉아 말합니다.

"그 로켓, 네가 정말 좋아하던 거였지? 정말 슬프겠다."

슬픔이는 해결책을 제시하거나 말을 가로채지 않습니다. 그저 빙봉의 감정이 충분히 머물 수 있도록 곁을 지켜줍니다. 자신의 슬픔이 온전히 받아들여지는 경험을 한 빙봉은 한참을 울고 난 뒤, 스스로 눈물을 닦으며 일어섭니다.

슬픔이가 보여준 공감은 빙봉에게 다시 움직일 수 있는 정서적 회복력을 만들어 준 겁니다.

공감은 단순한 위로 이상의 힘을 가집니다. 상대의 감정과 상황을 있는 그대로 이해하고 함께 머물러 줄 때, 관계는 더욱 깊이 연결됩니다. 반면, 공감이 결여된 대화는 오해와 갈등을 낳고, 결국 관계의 단절로 이어질 수 있습니다.

실제로 심리코칭을 하다 보면 공감의 결핍으로 어려움을 겪는 상황을 자주 접합니다. 특히 한쪽이 자신의 감정과 욕구만을 앞세우고 상대방의 감정을 무시하거나 하찮게 여길 때, 상대는 깊은 외로움과 고립감을 느끼게 됩니다. 이러한 심리적 고통이 반복되면 '카산드라 증후군'으로 이어질 수 있습니다.

카산드라 증후군은 상대가 내 말을 듣지 않고, 내 감정을 전혀 이해하지 못한다는 지속적인 소외 경험 속에서 생겨나는 심리적 상처를 말합니다. 따뜻한 말 한마디와 진심 어린 공감만 있었더라면 충분히 해결될 수 있었던 문제들입니다. 그러나 공감의 결핍은 관계의 단절을 넘어, 상대의 마음에 깊은 상처와 불신을 남깁니다.

💬 공감에 대한 우리의 오해

우리는 흔히 "그렇구나" "맞아, 나도 그래"처럼 상대방의 말에 단순히 동의하거나 반응하는 것을 공감이라고 착각합니다. 심리학자 칼 로저스Carl Rogers는 공감을 '마치 자신이 그 사람인 것처럼 느끼며, 그 사람의 내면세계를 정확히 지각하는 것'이라고 정의했습니다. 여기서 '마치 ~인 것처럼as if'이라는 조건은 상대의 감정을 진심으로 깊이 이해하되, 나와 타인의 경계를 혼동하지 않는 분별력이 필요하다는 뜻입니다.

공감에 대해 생각할 때 우리가 흔히 빠지기 쉬운 오해가 있습니다.

첫째, 공감은 타고나는 능력이라 생각하는 것입니다

공감은 후천적인 학습을 통해 충분히 개발할 수 있는 감정의 근육입니다. 공감에는 '정서적 공감'과 '인지적 공감'이 있습니다. 정서적 공감은 상대의 표정·목소리·감정신호를 통해 느끼는 감정적 반응입니다. 기질적으로 '사회적 민감성'이 높은 사람이 정서적 공감의 강점을 보입니다. 반면, 인지적 공감은 상대의 이야기를 경청하고 의미를 헤아려 이해하는 능력입니다. 이는 타고난 성향이 아니라 상대에 대한 마음과 관심에서 시작하는 공감입니다.

둘째, 공감은 말을 잘하는 기술이라 생각하는 것입니다

공감은 화려한 말보다, 영화 〈인사이드 아웃〉의 '슬픔이'처럼 곁에 조용히 머물러주는 것만으로도 충분히 가능합니다. 상대를 향한 깊이 있는 마음의 온도가 공감입니다.

셋째, 공감은 동의와 위로라고 생각하는 것입니다

공감은 상대의 감정을 알아주는 것이지, 그 상황에 동의하는 것이 아닙니다. 또한 섣부른 위로는 상대에게 상하관계처럼 느껴질 수 있으며, 억지스러운 위로는 오히려 감정을 닫게 만듭니다. 공감은 판단이나 해결이 아닌 존중과 이해의 시선입니다.

넷째, 공감은 문제를 해결해 주는 거라고 생각하는 것입니다

상대의 이야기를 듣다 보면 조언하거나 해결책을 제시하고 싶은 마음이 들 수 있습니다. 하지만 공감의 순간은 '해결'의 시간이 아니라 '이해'의 시간입니다. 진정한 경청은 말보다 침묵에 가깝습니다.

다섯째, 공감을 의무라고 생각하는 것입니다

상대의 이야기를 공감하며 듣는 과정에서 정서적·심리적 피로가 발생하는데, 이를 심리학에서는 '공감 피로'라고 합니다. 상대의 마음으로 인해 자신의 마음이 힘들어진다면 그 지점에서 정중히 대화를 멈추는 것은 정당한 자기보호입니다. 공감은 정서노동이 아닙니다. 상대의 마음을 이해하되 자신의 경계를 지키는 선택을 하는 것이 진정한 공감입니다.

💬 마음을 여는 공감의 3단계

공감은 충고, 조언, 평가, 판단이 아니라 상대의 경험을 있는 그대로 들어주는 마음입니다. 문제를 해결해 주려 하기보다 상대가 느끼는 감정과 의미가 안전하게 머물 수 있도록 공간을 내어주는 겁니다. 공감을 잘하기 위해서는 '공감의 3단계'를 적용해 보면 도움이 됩니다.

1단계) 주의 깊게 듣기

상대의 이야기를 들을 때 온전히 몰입하는 태도입니다. 이를 위해서는 상대방과 어깨를 마주하고 눈을 바라보는 것을 권합니다. 우리는 바쁘다는 이유로, 어색하다는 이유로 상대의 눈을 바라보지 않습니다. 그러나 연구에 따르면 눈을 맞추고 이야기할 때 신뢰와 친밀감이 높아지고, 상대방의 메시지가 더 잘 기억된다고 합니다. 좋은 경청은 시선과 자세에서 시작됩니다.

2단계) '판단 없이' 감정을 언어로 되짚어 주기

상대의 말 속에서 느껴지는 감정을 이해하고 직접적인 감정을 표현하지 않더라도, 말투나 표정을 통해 감정을 추측해 봅니다. 이때 '맞다, 틀리다' '예민하다, 별일 아니다'처럼 감정을 판단하거나 평가하지 않는 것이 핵심입니다. "많이 당황스럽고 걱정되겠네요" "서운한 마음이 들었겠군요"처럼 상대의 감정을 있는 그대로 받아들이면서 상대방의 감정을 언어로 되짚어 줍니다.

3단계) 공감적 반응하기

상대의 감정과 상황을 이해한 뒤 적절한 언어와 행동으로 표현하여 상대방이 '이해받고 있다'고 느끼게 해주는 단계입니다. 단순히 감정을 읽는데 그치지 않고, 그 감정에 맞는 적절한 언어적·비언어적 반응을 통해 정서적 지지와 수용을 전달하는 겁니다. 공감적 반응은 고개를 끄덕이거나 따뜻한 눈빛, 부드러운 목소리, 편안한 자세 등 비언어적 반응을 통해서도 잘 전달할 수 있습니다. 또한 "네가 힘들 때 언제든 곁에 있을게" "도움이 필요하면 말해 줘"와 같이 실천적 지지의 표현을 할 수도 있습니다.

공감은 상대의 말에 단순히 반응하는 것이 아니라, 그 사람의 경험과 감정을 이해하려는 마음에서 시작됩니다. 공감은 눈앞의 문제를 즉각 해결해 주지는 못하지만, 스스로가 상황을 마주할 수 있도록 심리적 안전감을 만들어 줍니다.

💬 공감은 지금 이 순간 함께 존재하는 것이다

박광수 대리는 고객사에 잘못된 자료를 전달해 팀 전체 일정에 차질을 빚었습니다. 다행히 큰 문제로 이어지지는 않았지만, 팀 내 분위기는 순간적으로 얼어붙었고 박 대리 역시 몹시 위축되어 있었습니다. 회의가 끝난 후 김영호 팀장은 박 대리를 조용히 따로 불러 이야기를 나눕니다.

(주의 깊게 듣기) 김 팀장은 박 대리의 말을 끊지 않고, 고개를 끄덕이며 끝까지 경청했습니다. 스마트폰을 보거나 다른 행동을 하지 않고, 온전히 대화에 집중했습니다.

(감정 인식과 감정을 언어로 되짚어 주기) 김 팀장은 박 대리의 표정과 말투에서 불안함과 위축된 감정을 읽어냈습니다. 박 대리가 말을 마치자 "많이 당황스럽고 걱정이 됐을 거 같아요" "박 대리가 팀에 피해를 줬다는 생각에 미안하고 속상했을 것 같고, 혹시 동료들이 어떻게 볼지도 신경 쓰였을 것 같아요"라고 박 대리의 감정을 다시

한번 조심스럽게 짚어 주었습니다.

(공감적 반응하기) 김 팀장은 "박 대리가 이번 일로 너무 자책하지 않았으면 좋겠어요. 힘들 땐 언제든 내게 이야기해도 괜찮아요"라며 진심 어린 공감적 반응의 실천적 지지를 표현했습니다.

진정한 공감은 상대의 이야기에 '지금 이 순간 온전히 함께 존재하는 것(현존)'입니다. 상대의 말을 들으며 '내가 어떤 조언을 해줘야 할까?'라고 고민하고 있다면 우리의 생각은 미래로 가 있어 상대의 이야기를 있는 그대로 듣기 어려워집니다. 상대의 말을 들으며 '나도 예전에 그런 일이 있었지'라고 떠올린다면 우리의 생각은 과거에 머물고 있는 겁니다.

공감은 지금 여기에서 상대의 말에 귀 기울이고, 함께 들어주는 데서 시작됩니다. 공감은 상대와의 관계를 더욱 깊게 연결하고 상처받은 마음을 회복시켜 주는 힘이 있습니다. 상대방의 이야기를 깊이 있게 들어주고 진심으로 공감해 줄 때 상대는 비로소 자신이 '이해받고 있다'는 안도감을 느끼며 다시 일어설 수 있는 힘과 용기를 얻게 됩니다.

생각을 잇는
'경청'

Z세대를 대상으로 한 설문조사에 따르면, 직장인들이 꼽은 최고의 사수는 '의견을 경청하고 반영하는 사수'였습니다.* 이는 단순히 업무지식뿐만 아니라, 후배의 목소리에 귀 기울이고 존중하는 태도가 얼마나 중요한지를 여실히 보여줍니다.

경청은 단순히 상대방의 말을 듣는 수동적 행위를 넘어, 메시지를 적극적으로 이해하려는 능동적 태도를 의미합니다. 이는 상대방의 언어적 표현뿐 아니라 표정·몸짓·목소리 톤과 같은 비언어적 메시지까지 주의 깊게 살피며, 그 이면에 담긴 감정과 맥락, 숨겨진 의도까지 헤아리는 과정입니다.

---

*　일요신문 www.ilyoseoul.co.kr/news/articleView.html?idxno=487968

스티븐 코비는 《성공하는 사람의 7가지 습관》에서 "먼저 이해하려고 노력하라. 그런 다음 이해시켜라"라고 말합니다. 상대를 이해시키고 싶다면 '잘 듣는 것'이 선행되어야 한다는 뜻입니다. 잘 듣는다는 것은 상대의 이야기를 들으며 내가 할 말을 미리 준비하는 '반쪽짜리 경청'이 아니라, 상대의 말을 온전히 듣는 겁니다.

💬 삶을 변화시키는 경청

소통에서 오해를 자주 만드는 사람들을 살펴보면, 대개 청자보다는 화자인 경우가 많습니다. 말을 많이 하다 보면 듣는 정보가 적으니 자신의 주관적인 해석이 개입될 여지가 많아지고, 이는 결국 불통으로 이어집니다. 따라서 우리는 잘 듣는 것만으로도 많은 소통의 이점을 얻을 수 있습니다.

첫째, 관계에 신뢰와 긍정적 유대감이 형성됩니다. 자신의 이야기를 진심으로 들어줄 때 상대에게 신뢰가 쌓이고 깊이 있는 인간관계로 이어집니다.

둘째, 오해와 갈등이 해소됩니다. 충분히 듣는 것만으로도 상대의 입장을 이해하게 되어 불필요한 오해를 줄일 수 있습니다. 심리코칭 현장에서 갈등이 빚어지는 관계를 보면 상대의 말은 들으려 하지 않고, 자신의 말만 하려고 할 때 갈등의 골이 더 깊어집니다.

셋째, 상대의 감정이 안정됩니다. 감정이 격해질 때 상대의 감정을 가라앉히는 가장 빠른 방법은 그의 이야기를 진심으로 들어주는 겁니다.

넷째, 조직의 성과와 협업이 향상됩니다. 올바른 경청은 조직의 팀워크와 협업을 촉진시키고, 조직 내 소통의 질을 높여 성과 향상에 기여합니다.

💬 우리는 왜 듣는 것이 어려울까?

경청의 중요성을 알면서도 이를 실천하기 어려운 이유가 있습니다.

첫째, 살아온 삶이 다르기 때문입니다. 사람들은 누구나 살아온 삶의 경험과 가치관을 기준으로 상대의 말을 판단하고 비교하며 해석합니다. '나는 맞고 당신은 틀렸어'라는 생각으로 상대의 말을 듣는 순간, 상대의 말에 온전히 집중하기 어렵습니다.

둘째, 듣기보다 말하기에 익숙하기 때문입니다. 상대방의 말을 들으면서도 머릿속에서는 이미 조언이나 반박, 충고를 준비하고 있는 경우가 많습니다. 이때 우리는 상대의 말을 절반만

듣게 됩니다.

셋째, 시간과 감정의 여유가 없기 때문입니다. 자신이 힘들고 바쁜 상태에서는 상대의 말을 충분히 귀 기울여 듣기 어렵습니다. 특히 감정의 여유가 없다면 상대의 말을 충분히 들어줄 에너지가 부족합니다. 경청을 위해서는 먼저 나 자신을 돌볼 에너지가 충전되어 있어야 합니다.

넷째, 듣는 방법을 배운 적이 없기 때문입니다. 우리는 학창 시절 발표나 웅변 등 말하는 방법은 배웠지만, 듣는 방법은 배우지 못했습니다. 경청이 낯설게 느껴지는 이유입니다.

심리코칭을 공부할 때 가장 먼저 배우는 내용이 경청입니다. 경청이 쉬운 일이라면, 굳이 배우고 실습하는 시간이 필요하지 않았을 겁니다. 우리는 오랫동안 '듣기'를 해왔다고 생각하지만 경청을 배우는 순간 그것이 결코 쉬운 일이 아니라는 사실을 알게 됩니다. 상대의 말 속에서 핵심이 무엇인지 가려내고, 그 내용을 정확히 확인하는 일도 쉽지 않습니다. 그래서 경청은 상대가 하는 말의 핵심을 이해하고 적절히 반영하는 방법까지 포함합니다.

💬 상대방의 욕구에 집중해서 듣는 '경청의 3F'

삶의 경험이 만들어 낸 '관점의 틀'은 경청을 가로막는 요인이 됩니다. 우리는 무의식중에 그 틀을 필터 삼아 상대의 말을 해석합니다. 이 틀에 갇혀 상대의 말을 들을 때 상대의 말 자체를 듣기보다 '내가 이해한 의미'를 듣게 되고, 그 지점에서 오해가 생깁니다.

경청을 잘하는 사람은 '관점의 틀'을 내려놓고, 상대의 말을 진심으로 듣고 이해합니다. 이를 실천하기 위한 방법이 '경청의 3F(Fact, Feel, Focus)'입니다. 경청의 3F는 단순히 상대의 말을 듣는 것을 넘어 사실·감정·의도를 구체적으로 파악하고 반영하는 경청의 기술입니다.

1단계) Fact(사실 듣기)

상대방의 말을 주관적인 판단 없이 있는 그대로 듣는 단계입니다.

2단계) Feel(감정 헤아리기)

상대방의 감정을 이해하고 헤아리고자 하는 노력의 단계입니다.

3단계) Focus(의도 파악하기)

상대방이 무엇을 바라고 있으며, 어떤 도움이 필요한지 추측해 진심 어린 마음으로 질문하는 단계입니다. 질문은 '내가 당신의 이야기를 잘 듣고 있다'를 알려주는 신뢰의 신호입니다.

김 대리가 박 과장에게 "요즘 일이 너무 많아서 밤늦게까지 야근하는 날이 많습니다. 체력도 떨어지고, 점점 지치는 것 같습니다"라고 고민을 털어놓는다면, 박 과장은 경청의 3F를 활용해 다음과 같이 반응할 수 있습니다.

- Fact : 최근에 야근이 많아서 늦게까지 계속 일하고 있었군요.
- Feel : 체력도 많이 떨어지고, 많이 지치고 힘들겠네요.
- Focus : 지금은 업무 조정이 필요한 상황일까요, 아니면 먼저 상황을 조금 더 이야기해 보고 싶으신가요?

경청의 3F는 단순히 '듣고 반응하는 것'을 넘어 상대의 말에 담긴 의미와 감정, 의도를 진심으로 헤아리고 연결하는 경청의 기술입니다.

💬 마음의 여유공간에서 시작하는 경청

경청보다 말이 앞서는 사람들은 대체로 마음속의 '심리적 여유공간'이 부족한 상태입니다. 듣는 것이 중요하다는 것을 알면서도 상대의 말이 끝날 때까지 기다리지 못하고 자신의 말을 먼저 꺼내곤 합니다. 때로는 같은 말을 반복하며 '내 말을 들어 달라'고 호소하기도 합니다.

반면, 경청이 잘되는 사람은 스스로 심리적 여유공간을 확보해 대화의 흐름을 유연하게 만듭니다. 잠시 말을 멈추고 여백을 줄 때, 상대는 비로소 깊은 존중을 느끼며 신뢰를 쌓아갑니다. 그리고 그 신뢰는 관계를 더 단단하게 만들고, 대화를 더욱 깊이 있게 이어가게 합니다.

관계를 잇는
'질문'

심리코칭을 하다 보면, 질문방식에 따라 내담자(피코치)의 답변이 달라지는 것을 경험하곤 합니다. 좋은 질문은 상대의 생각을 확장시키고 깊은 대화를 이끌어 내지만, 좋지 못한 질문은 상대를 방어적으로 만들거나 대화를 단절시키기도 합니다. 그만큼 질문은 대화의 깊이와 방향을 결정짓습니다.

질문이 이토록 중요하다면, 우리는 일상에서 질문을 충분히 하고 있을까요? 실제 강연 현장에서 직장인들에게 "질문을 자주 하십니까?"라고 물으면 대부분 "그렇지 않다"라고 답합니다. 그 이유는 다음과 같습니다.

첫째, 자신의 질문이 상대를 불편하게 하거나 무례하게 들릴까 조심스러워 질문을 망설이게 됩니다.

둘째, 권위와 위계가 강조되는 조직문화에서는 질문이 곧 '도전'이나 '반항'으로 해석될 수 있다는 두려움에 질문을 하지 않습니다.

셋째, 질문을 하면 자신이 모른다는 사실이 탄로 날까 두렵고, 상대의 부정적 반응에 대한 불안 때문에 걱정되어 망설입니다.

넷째, 이미 충분히 알고 있다고 생각하거나, 상대와 업무에 대한 관심이 낮아 질문의 필요성을 느끼지 못하기도 합니다.

다섯째, 적절한 질문 기술을 알지 못하거나 자신감이 부족해 질문 자체를 주저합니다.

질문이 사라진 곳에서는 성장이 멈춥니다. 심리학의 '자기결정성 이론'에 따르면, 인간은 스스로 선택하고 결정한다고 느낄 때 더 높은 동기와 성과, 그리고 심리적 안전감을 경험합니다. 질문은 스스로 답을 찾아가는 자발적인 과정이며, 이 과정에서 자율성·유능성·관계성이 충족됩니다. 결국 질문은 삶을 스스로 이끌고 있다는 주도감을 높여줍니다.

💬 질문이 만들어 내는 관계와 일의 변화

"질문은 어떤 이유로 해야 할까요?"

질문은 단순히 정보는 얻는 것뿐만 아니라, 관계와 일의 흐름을 바꾸는 다양한 이점을 가져다줍니다.

첫째, 질문은 상대의 생각과 감정을 더 깊이 이해할 수 있는 계기가 됩니다. 적절한 질문은 신뢰를 쌓고, 긍정적인 관계를 형성하는 데 중요한 역할을 합니다.

둘째, 질문은 상대의 사고를 확장시키고 자기성찰을 촉진해 새로운 시각이나 해답을 찾도록 돕습니다.

셋째, 질문은 대화의 흐름을 자연스럽게 이끌어 줍니다. 필요한 정보를 효과적으로 얻는 동시에 상대의 적극적인 참여와 몰입을 끌어내는 데 도움이 됩니다.

넷째, 질문은 상대가 스스로 답을 찾도록 돕습니다. 이 과정에서 내적 동기가 발생하고, 자율적이며 주도적인 행동변화가 촉진됩니다.

깊이 있는 질문은 상대의 생각과 감정을 열게 하고, 스스로 답을 찾아가도록 이끕니다. 그 과정에서 신뢰가 쌓이고, 소통은 한 단계 더 깊어지며, 관계는 더욱 단단해집니다. 결국 질문은 단순한 정보 수집을 넘어, 사람과 사람을 연결하고 변화를 이끄는 가장 강력한 방법입니다.

문장 끝에 단순히 물음표가 붙었다고 해서 질문이 되는 건 아닙니다. 좋은 질문은 질문하는 사람 스스로도 '이 질문은 어떤 이유로 필요한가?'에 답할 수 있어야 합니다. 좋은 질문에는 몇 가지 공통된 특징이 있습니다.

첫째, 질문을 하기 전 질문의 목적과 의도가 분명해야 합니다

질문하기 전, '이 질문을 어떤 이유로 해야 하는지' '어떤 목적을 가지고 있는지'를 명확히 인식해야 합니다. 질문의 목적은 정보 획득, 관계형성, 상대방의 성장촉진, 대화의 방향 설정, 합의와 설득 등 다양할 수 있습니다. 효과적인 질문은 이러한 다양한 목적 중 무엇을 위한 것인지 충분히 탐색하고 판단한 후에 이루어져야 합니다.

김 팀장이 팀원에게 결과 보고서를 전달받고 이렇게 묻습니다.
"이렇게 작성한 이유가 뭔가요?"
이 질문은 팀원 입장에서는 비난처럼 들리기 쉽고, 방어적인 반응을 유도할 가능성이 큽니다.
반면, 좋은 질문은 팀원의 작성 의도를 명확히 확인하고, 이후 피드백을 할 수 있는 성장촉진의 질문입니다.

"이 보고서를 작성할 때 가장 중점을 둔 기준은 무엇이었나요?"

이처럼 질문의 목적이 바뀌면, 대화의 방향도 달라집니다.

둘째, 좋은 질문은 상대에 대한 호기심에서 출발합니다

상대방을 통제하고 지적하는 데 있지 않고, 상대방을 '이해'하고자 하는 마음으로 질문을 합니다. 이러한 질문은 자기중심적 관점이 아니라 상대의 관점과 맥락을 확인하려는 접근입니다.

박 프로와 김 프로가 프로젝트를 진행하고 있습니다. 그런데 김 프로가 공유 없이 혼자 일을 진행하자, 과정이 답답한 박 프로가 이렇게 묻습니다.

"왜 아무 말도 없이 혼자서 해요? 같이 하는 프로젝트잖아요."

겉으로는 질문의 형태를 띠고 있지만, 실제로는 김 프로에 대한 비난과 불평의 감정이 앞서 있습니다. 이런 질문은 상대를 방어적으로 만들고, 대화를 단절시키거나 피상적인 대화로 이어질 수 있습니다.

반면, 상대의 상황에 관심을 두고 '이해'하려는 질문은 답을 몰아가기보다 중립적인 태도로 맥락을 확인합니다.

"프로젝트를 진행하면서 함께 공유하거나 상의했으면 좋겠다고 느낀 지점이 있었나요?"

이 질문은 비난이 아니라 협력의 방향으로 대화를 열 수 있습니다.

셋째, 좋은 질문은 새로운 시각이나 관점을 열어줍니다

상대가 미처 생각하지 못한 방향의 질문을 통해 사고의 범위를 확장시키는 질문입니다.

팀 회의에서 A안과 B안 중 어떤 안을 채택할지 논의하고 있는 상황입니다.

"지금 상황에선 A안이 더 낫지 않아요?"

이 질문은 자신의 의견을 강하게 주장하며 다른 선택지를 차단하는 질문입니다.

반면, 좋은 질문은 시야를 넓히는 기준을 먼저 세웁니다.

"A안과 B안 중에서 우리 목표에 더 부합하는 기준은 어떤 걸까요? 그 기준으로 보면 어떤 안이 더 적절할까요?"

이 질문은 안건을 다양한 각도에서 검토하도록 돕고, 합리적 합의와 협업을 촉진합니다.

넷째, 자신이 무엇을 알고 무엇을 모르는지 드러내는 질문입니다.

솔직한 인정에서 비롯된 질문은 상대의 방어를 낮추고 신뢰를 쌓는 데 도움이 됩니다.

박 팀장은 김 과장의 기획안에서 익숙하지 않은 보고 용어를 봤습니다.

"이거 왜 이렇게 복잡하게 써 놓은 거예요?"

이 질문은 감정적 표현에 가깝습니다.

반면, 좋은 질문은 자신의 이해 부족을 인정하면서도 적극적으로 배움을 요청하는 태도로 상대와 신뢰를 쌓는 질문입니다.

"이 용어가 이해되지 않네요. 이 부분을 어떻게 해석하면 좋을지 설명해 주실 수 있을까요?"

좋은 질문 하나만으로도 상대는 '존중받고 있다'는 생각이 듭니다. 이 순간 대화는 설득이나 평가가 아닌, 서로를 이해하며 해답을 함께 찾아가는 대화로 바뀝니다.

💬 질문의 방식이 대화의 깊이를 결정한다

질문의 방식에 따라 대화의 방향과 깊이가 달라집니다. 좋은 질문은 상대의 생각을 자극하고, 새로운 시각을 열어주며, 신뢰 기반의 대화로 연결해 줍니다. 특히 질문의 유형과 목적에 따라 대화의 방향이 달라집니다.

'폐쇄형 질문'과 '개방형 질문'

폐쇄형 질문은 "예" "아니오"로 짧게 답할 수 있는 질문방식입니다. "점심 드셨습니까?" "이 프로젝트에 만족하시나요?"처럼 명확한 사실 여부를 확인하는 질문이 여기에 해당합니다. 빠르게 핵심 정보를 파악해야 할 때, 의사결정이 필요한 상황에서 효과적입니다. 대화를 압축하고, 방향을 명확히 하는데 유용합니다.

반면, 개방형 질문은 상대가 자신의 생각과 감정을 자유롭게 설명하도록 여지를 두는 질문방식입니다. "점심으로 무엇을 드셨나요?" "이 프로젝트를 진행하면서 가장 의미 있었던 점은 무엇인가요?"처럼 단순한 사실 확인을 넘어 경험과 해석, 감정을 함께 드러내게 합니다. 자기성찰을 촉진하고, 다양한 관점에서 자신의 상황을 인식할 수 있도록 돕습니다.

'원인탐색 질문'과 '해결중심 질문'

'원인탐색 질문'은 과거의 행동이나 결과의 이유를 묻는 질문 방식입니다 "왜 그렇게 행동하셨나요?" "왜 마감기한을 맞추지 못했나요?"처럼 주로 '왜'라는 표현을 사용해 상황의 원인을 확인하려 합니다. 이러한 질문은 문제의 배경을 이해하는 데 도움이 될 수 있지만, 상황과 관계의 맥락에 따라 상대에게는 '해명 요구'나 '책임 추궁'처럼 들릴 수 있습니다. 특히 실수나 부정적 결과가 포함된 상황에서는 방어적 태도를 만들 수 있습니다.

반면, '해결중심 질문'은 문제 가능성과 미래 방향에 초점을 두고 생각하여 실행가능한 대안을 탐색하는 질문방식입니다. "그 상황에서 어떤 점을 다르게 해볼 수 있을까요?" "다음에는 기한을 맞추기 위해 어떤 도움이나 방식이 필요할까요?"처럼 '어떻게' '무엇을' '다음에는' 등의 표현을 사용해 대안을 탐색하여 앞으로의 행동변화에 초점을 둡니다. 자신의 상황을 한 발 떨어져 바라보게 하고, 구체적인 실행방안을 설계하도록 돕습니다. 문제의 원인을 반복 설명하는 대신, 선택가능한 행동을 탐색하게 한다는 점에서 변화 촉진에 효과적입니다.

질문 중심의 사고는 유대인의 전통 학습방식인 하브루타에서도 잘 드러납니다. 하브루타의 핵심은 '질문을 통해 생각을 확장하고, 대화를 통해 의미를 정교하게 다듬는 과정'에 있습니다. 결국 질문은 상대의 사고를 넓히고, 더 나은 선택과 성장을 이끌어 냅니다.

💬 질문하기 전, 반드시 확인해야 할 것들

좋은 질문은 소통의 시작이 될 수 있지만, 질문을 많이 한다고 해서 좋은 대화가 되는 것은 아닙니다. 질문에도 준비가 필요합니다. 질문의 방식과 타이밍, 그리고 질문의 의도가 적절하지 않으면 대화가 오해로 흐르거나 상대방에게 불필요한 부담을 줄 수 있습니다. 질문하기 전 몇 가지 고려해야 하는 사항이 있습니다.

첫째, 질문의 대상이 적절한가를 확인해야 합니다. 자신이 질문하려는 사람이 이 질문에 대해 답변할 적임자인지 혹은 대화의 맥락상 적합한 대상인지 확인해야 합니다.

둘째, 질문의 시점이 적절한가를 확인해야 합니다. 질문을 하기에 적절한 시점인지, 상대방의 상황이나 감정을 고려했는지 점검해야 합니다. 질문은 타이밍이 중요합니다.

셋째, 이 질문이 좋은 질문인가를 확인해야 합니다. 질문의 목적과 의도를 다시 한번 확인하고, 비판하거나 유도하려는 질문은 아닌지 확인해야 합니다.

넷째, 질문은 한 번에 한 가지만 해야 합니다. 여러 가지를 한꺼번에 묻는 복합 질문은 상대방을 혼란스럽게 만들 수 있습니다. 질문은 명확하고 단순해야 합니다.

좋은 질문은 상대의 사고를 확장시키고, 긍정적인 행동변화를 이끌어 대화의 깊이와 질을 높여줍니다. 질문이 바뀌면 대화가 달라지고, 대화가 달라지면 관계도 달라집니다. 좋은 소통은 좋은 질문에서 시작됩니다.

 ## 질문하기 전, 반드시 주의해야 할 것들

질문이란 이름을 붙였지만 사실상 소통을 가로막는 질문도 있습니다. 질문하기 전 주의해야 할 사항은 다음과 같습니다.

첫째, 답을 정해 놓고 유도하는 질문입니다. "이렇게 하는 게 맞지 않아요?"와 같은 질문은 이미 답을 정해 놓고, 상대방이 그 틀 안에서만 답변하도록 유도하는 질문입니다. 흔히 말하는 '답정너'의 질문은 상대의 생각을 듣기 위한 것이 아니라, 내 생각을 확인받기 위한 도구에 불과합니다.

둘째, 대답이 어렵거나 불가능한 질문입니다. "김 대리, 제가 몇 번을 말해야 이해하겠어요?"와 같은 질문은 상대가 답할 수 없고, 오히려 위축되게 만듭니다. 질문은 상호작용으로 이어져야 합니다.

셋째, 상대에게 부담을 주거나 거절할 수 없는 질문입니다. "이 업무는 박 과장이 하면 좋을 것 같은데, 괜찮죠?"와 같은 질문은 사실상 동의를 강요하는 질문입니다. 상대방이 거절하기 어렵거나 심리적으로 압박을 느끼게 하는 질문도 지양해야 합니다.

우리는 관심 없는 사람에게는 질문하지 않습니다. 질문한다는 것 자체가 상대를 향한 호기심과 존중의 표현입니다. 질문하는 사람은 상대를 더 깊이 이해하게 되고, 답하는 사람은 자신의 생각을 정리하며 내면의 즐거움을 경험할 수 있습니다. 질문을 통해 보다 깊은 답변이 오갈 때 관계는 한층 가까워지고 신뢰를 쌓게 됩니다.

4

성장을 이끄는 '피드백'

조직에서 구성원의 성장은 우연히 이루어지지 않습니다. 서로의 행동을 돌아보고 배우는 과정 속에서 성장의 기회가 만들어집니다. 우리는 피드백을 통해 배우고 변화합니다. 피드백은 스스로 업무와 일상에서 부족한 점을 돌아보는 자기성찰 중심의 '셀프 피드백'과 타인의 관점을 통해 성장과 동기를 촉진하는 '피드백 코칭'으로 나눌 수 있습니다. 피드백 코칭은 상대의 행동을 객관적으로 관찰하고 더 나은 방향을 찾도록 돕는 대화방식입니다. 이는 평가나 지적이 아니라, 상대가 스스로 변화할 수 있도록 이끌어 줍니다.

💬 피드백 코칭이 만드는 변화

'피드백 코칭'은 리더나 동료의 피드백을 통해 부족하다고 여기는 점을 객관적인 방법으로 접근해 코칭하는 방법입니다. 잘 전달된 피드백은 개인의 변화를 넘어 조직 전체에 긍정적인 영향을 미칩니다.

첫째, 개인과 팀의 성장을 촉진하고 동기를 부여합니다

구성원은 피드백을 통해 자신이 잘한 점과 부족한 점을 인식하게 되어 지속적인 성장을 할 수 있게 됩니다. 특히 잘한 점에 대한 긍정적 피드백은 해당 행동을 반복하게 되면서 업무에 대한 자신감을 높이는 원동력이 됩니다.

둘째, 두터운 신뢰를 형성합니다

리더와 구성원 간의 지속적인 피드백을 통해 서로에 대한 신뢰가 쌓이게 됩니다. 이 과정에서 리더는 구성원의 어려움과 필요사항 등을 사전에 알 수 있게 되어 실질적 지지와 도움을 제공할 수 있습니다. 이로 인해 업무의 효율성은 물론 유대감도 향상됩니다.

셋째, 목표와 성과 달성을 가속화합니다

피드백은 결국 성과를 내기 위한 이정표입니다. 구체적인 피드백을 통해 행동의 방향성이 명확해지면서 목표와 성과 도달에 더 가까워집니다.

💬 피드백을 전달할 때 반드시 기억해야 할 원칙

피드백을 전달할 때 가장 먼저 기억해야 할 것은, 피드백이 비난이 아니라 성장 목적의 코칭 대화라는 점입니다. 같은 내용을 전달하더라도 출발점이 다르면 피드백은 '지원'이 되기도 하고, '공격'이 되기도 합니다. 이를 위해 피드백을 할 때는 다음의 원칙을 반드시 지켜야 합니다.

첫째, 피드백은 평가가 아닌, '관찰'에서 시작해야 합니다

관찰은 구체적으로 목격한 행동이나 결과만을 객관적으로 표현하는 것입니다. 즉, 내가 보고 들은 사실만을 전달하는 것입니다. 이렇게 구체적인 행동을 기반으로 말하면 상대는 상황을 객관적으로 인식하고 개선방향을 찾을 수 있습니다.

'김 대리는 게을러' (평가)

"김 대리는 이번 주 보고서 제출 마감을 두 차례나 넘겼네요"(관찰)

둘째, 피드백은 성격이 아닌, '행동변화'에 초점을 맞춰야 합니다

'주도성이 부족해요' '융통성이 없어요'와 같이 성격을 평가하는 표현은 상대를 방어적으로 만들고 피드백을 수용하기 어렵게 합니다. '상대가 무엇을 어떻게 바꾸면 되는지' 구체화할수록 피드백은 명확해지고, 실행 가능성이 높아집니다.

"회의시간에 자신의 의견을 한 가지씩 공유해 주세요."
"다음부터는 정해진 기한에 맞춰 보고서를 제출해 주기 바랍니다."

셋째, 피드백은 '나도 틀릴 수 있다'는 태도가 필요합니다

피드백은 상호존중을 전제로 하는 대화입니다. 때로는 내가 파악하지 못한 정보 때문에 오해에 근거한 피드백이 될 수도 있습니다. 그래서 피드백을 전달할 때는 열린 마음과 경청의 자세를 갖추는 것이 중요합니다. 이런 태도는 상대가 피드백을 수용할 수 있도록 돕고, 신뢰와 소통의 기반이 됩니다.

💬 피드백의 4가지 유형

피드백은 그 성격에 따라 '공격적 피드백' '불분명 피드백' '긍정적 피드백' '성장 피드백'으로 분류할 수 있습니다. 이 차이를 이해하면, 어떤 피드백을 줄이고 어떤 피드백을 강화해야 하는지가 분명해집니다.

공격적 피드백

상대에게 모멸감과 수치감을 느끼게 만드는 피드백입니다. 상대의 성장을 위한 피드백이 아니라, 비난과 압박이 중심이기 때문에 위축과 무력감을 만들고, 결과적으로 회피와 방어로 이어집니다.

"김 대리는 잘하는데, 박 대리는 아직도 이런 점을 못하면 어떻게 해?"

"업무처리를 이렇게 할 거면 당장 그만둬."

"내가 몇 번을 말했는데 아직도 안 되는 거야."

불분명한 피드백

행동에 대한 구체적인 설명 없이 무의미하게 표현하는 피드백입니다. 피드백은 무엇을 잘하고 무엇을 보완해야 하는지에 대한 구체성을 포함하고 있어야 합니다. 칭찬이나 격려처럼 들리더라도 그 안에는 무엇을 유지해야 하고, 무엇을 바꿔야 하는지에 대한 정보가 포함되어야 합니다. 이런 피드백을 받는 사람은 개선방향을 잡기가 어렵고 실질적인 변화나 성장으로 이어지기 어렵습니다.

"잘하고 있어."

"좀 더 열심히 해봐."

긍정적 피드백

잘하고 있는 점을 구체적으로 표현하는 피드백입니다. 무엇을 잘했는지 관찰 행동을 기반으로 인정과 칭찬을 표현하련 상대는 긍정적인 행동을 반복할 수 있습니다. 이는 동기를 높이고, 업무 효능감을 증진시킬 수 있습니다.

"회의록 정리가 간결해서 내용을 빠르게 파악할 수 있었어요."

성장 피드백

변화가 필요한 행동을 구체적으로 제시하고, 앞으로의 개선 방향을 전달하는 피드백입니다. 무엇을 어떻게 보완하면 되는지까지 구체적으로 제안하는 것이 성장 피드백의 핵심입니다.

"김 책임, 보고서에 데이터 출처와 수치 근거가 일부 누락되어 있습니다. 다음에는 데이터를 인용할 때 출처를 꼭 명시해 주세요."

피드백은 '긍정적 피드백'과 '성장 피드백'을 균형 있게 코칭할 때 효과가 더 커집니다. 긍정은 신뢰를 높이고, 성장은 업무의 개선과 성과 향상을 이끌어 낼 수 있습니다.

효과적인 피드백을 위한 두 가지 공식 : API와 AID

피드백을 전달할 때 API와 AID 공식을 활용하면 훨씬 명확하고 강력한 메시지를 전달할 수 있습니다.

긍정적 피드백 공식, API

구체적인 행동과 그에 따른 노력의 과정을 짚어주고, 그로 인해 개인이나 팀에 어떤 긍정적인 영향이 있었는지까지 표현함으로써 동기와 자신감을 불어넣을 수 있습니다.

(상황) 보고서 초안을 예정보다 빠르게 보고한 김 책임에게 코칭
하는 긍정적 피드백

(A) 기획서 초안을 마감 이틀 전까지 정리해 공유해 주고,

(P) 그 안에 주요 항목을 순서대로 구성해 준 과정 덕분에

(I) 우리가 일정대로 빠르게 프로젝트를 진행할 수 있었어요. 감사
합니다.

성장 피드백 공식, AID

피드백을 통해 무엇을 어떻게 바꿔야 할지 구체적으로 세안
하고, 성장 가능성을 열어주는 피드백입니다.

(상황) 회의자료에 수치가 빠져 보고서의 완성도가 낮은 박 책임
에게 코칭하는 성장 피드백

(A) 이번 회의자료에 수치 출처가 빠져 있었어요.

(I) 수치의 출처가 명확하지 않아 회의에서 본질적인 논의보다 데
이터의 신뢰도를 확인하는 데 시간이 더 필요했습니다.

(D) 다음에는 데이터 인용 시 출처를 꼭 함께 명시해 주세요.

피드백은 개인의 변화와 성장을 다루는 대화이므로 반드시
개인적인 공간에서 전달해야 합니다. 여러 사람이 모인 공개적
인 자리에서 피드백을 전달하면 상대는 지적받는 것처럼 느껴
져 방어적 태도를 강화할 수 있습니다.

또한 긍정적 피드백과 성장 피드백의 비율은 보통 3:1이 효
과적입니다. 중요한 것은 숫자 자체가 아니라, 충분한 긍정적 피
드백을 통해 신뢰를 쌓는 겁니다. 이렇게 쌓인 신뢰를 바탕으로
성장 피드백을 제시할 때 비로소 진정한 변화와 성장이 일어납
니다.

💬 피드백에 대한 고민이 진정한 성장을 만든다

많은 리더에게 "피드백을 자주 하십니까?"라고 물으면 "자주 하

지 못한다"고 답합니다. 바쁜 업무로 여유가 없고, 필요성은 알고 있지만 상대가 불편해할까 걱정되기 때문입니다. 또한 어떻게 전달해야 할지 방법을 알지 못해 망설이는 경우도 많습니다.

그러나 피드백이 없으면 구성원은 일에 몰입하거나 성장하는 기회를 잃게 됩니다. 이는 구성원의 '자율성'을 약화시키고, 결국 조직 전체의 성장을 가로막는 결과로 이어질 수 있습니다. 또한 일이 제대로 되지 않았을 때 그 책임은 고스란히 리더에게 돌아가는 상황도 발생하게 됩니다.

피드백의 목적은 상대의 강점을 강화하고 성장을 돕는 데 있습니다. 따라서 리더는 구성원의 성격이나 가치관을 평가하는 게 아니라, 구체적인 말과 행동에만 초점을 맞추는 것이 핵심입니다.

리더는 피드백을 하기 전에 피드백 주기를 신중히 계획하고, 구성원과 미리 합의된 일정에 따라 진행하는 것이 좋습니다. 이러한 합의는 구성원이 피드백을 보다 열린 마음으로 수용할 수 있도록 도와주며, 신뢰를 기반으로 한 소통으로 이어집니다. 또한 이를 통해 피드백이 더 체계적이고 꾸준하게 이루어질 수 있고, 변화와 성장이 잘 이루어지고 있는지를 지속적으로 점검할 수 있습니다.

5

결론으로 승부하는
'보고'

과거 홍보·마케팅 부서에서 근무했을 당시 광고대행사와 미팅을 통해 PPL(간접광고) 집행 효과를 검토하고, 적합한 프로그램 선정과 견적 산출 자료를 정리해 보고하는 업무를 담당했습니다. PPL 광고는 방송 프로그램 내 노출 위치나 엔딩 순서 등에 따라 단가가 크게 달라지기 때문에 매우 정확한 분석이 필요했습니다. 저는 분석 결과를 바탕으로 최선의 제안 방향을 정리해 발표했지만, 회의 분위기는 예상과 다르게 흘러갔고, 결국 자료를 다시 준비해 오라는 피드백을 받았습니다. 데이터 분석 자체에는 문제가 없었기에 왜 설득에 실패했는지 이해가 되지 않아 몹시 답답했습니다.

그때 차장님께서 해주신 조언은 오랜 시간이 지난 지금도 기억에 생생합니다.

"백 대리, 우선 본인이 하고 싶은 주장을 명확히 한 뒤에 그에 맞는 논리와 근거를 차분히 펼쳐야 설득이 됩니다. 방송 마케팅 효과에 대해 회의적인 임원진들 앞에서 담당자가 마치 변명하듯 설명하면 설득하기 어려워요."

이 경험을 통해 저는 동일한 내용이라도 담당자가 확신을 가지고, 자신의 주장을 중심으로 보고해야 상대를 설득할 수 있다는 점을 깨달았습니다. 이후로는 핵심주장을 가장 먼저 제시하고, 그에 따른 근거와 데이터를 설명한 뒤, 마지막에 한 번 더 결론을 강조하는 방식으로 보고 습관을 바꾸게 되었습니다.

마법의 설득 기법, PREP

같은 주장이라도 어떻게 전달하느냐에 따라 결과는 크게 달라질 수 있습니다. 단순히 정보만 나열하는 게 아니라, 자신의 생각을 체계적으로 정리하고 명확하게 전달하는 보고는 상대에게 신뢰를 주고 설득력을 높입니다.

효과적인 보고와 소통을 위해서는 구조적인 전달방식이 필요합니다. 대표적인 방법이 바로 PREP 기법입니다. PREP^{Point, Reason, Example, Point}은 메시지를 논리적으로 정리해 전달함으로써

보고의 신뢰도를 높이고, 자신의 주장을 설득력 있게 표현하는
데 도움이 됩니다.

Point(핵심주장 및 결론)

화자가 말하고자 하는 핵심메시지와 결론을 먼저 제시합니
다. 상대가 가장 궁금해하는 답을 먼저 전달함으로써 상대가 전
체 맥락을 빠르게 파악하도록 돕는 겁니다. 이때 장황한 설명은
피하고, 무엇을 말하고자 하는지 한 문장으로 요약할 수 있어야
합니다.

Reason(이유)

주장에 대한 논리적인 근거를 제시합니다. 상대의 '왜'라는 질
문에 답하는 단계입니다. 이 과정에서 주장과 근거가 명확하게
연결되어야 상대를 설득할 수 있습니다. 이유가 분명할수록 상
대는 주장에 대한 타당성을 쉽게 이해하게 됩니다.

Example(사례 및 데이터)

구체적인 사례, 수치화된 데이터, 혹은 경험 등을 통해 주장

을 뒷받침합니다. 이 부분이 명확할수록 보고의 신뢰도와 설득력이 높아집니다.

Point(결론, 재강조)

마지막으로 핵심메시지를 한 번 더 요약하며 마무리합니다. 반복을 통해 상대의 기억에 주장을 확실히 각인시키는 과정입니다.

브랜드 인지도를 높이기 위해 이번 분기에 PPL 광고를 진행해야 한다고 판단합니다.(주장) PPL 광고는 소비자에게 브랜드를 자연스럽게 노출할 수 있어 거부감이 적고, 일반 광고보다 더 높은 몰입도를 기대할 수 있기 때문입니다.(이유) 실제로 A사의 경우, 드라마 PPL을 진행한 뒤 브랜드 검색량이 2배 이상 증가했고, 여름 상품 매출도 15% 상승했습니다. 또한 방송 프로그램을 사전에 검토한 결과 투입 대비 효과가 충분히 기대됩니다.(사례) 결론석으로 이번 PPL 광고 도입은 브랜드 인지도 향상과 매출 성장을 동시에 달성할 최선의 선택입니다.(재강조)

강의 현장에서 교육생들에게 PREP 실습을 진행해 보면 '보고 및 발표에 도움이 될 뿐만 아니라, 스스로의 생각을 정리해 전달하는 과정 덕분에 말에 힘이 실린다'는 피드백을 많이 받습니다.

PREP은 단순한 보고의 기술을 넘어 자신의 생각을 정리하고 주장을 강화하는 데 효과적인 도구입니다.

💬 설득은 태도에서 완성된다

상대를 설득할 때 논리구조만큼 중요한 것은 내용에 대한 확신과 상대의 의견을 듣겠다는 열린 자세입니다. 아무리 완벽한 PREP 구조를 갖추었더라도 담당자의 자신감이 부족해 보이면 설득력은 반감됩니다. 설득의 완성을 위해서는 다음 세 가지 태도를 기억해야 합니다.

첫째, 상대방의 관점을 고려해야 합니다

설득과 보고는 일방적 전달이 아니라 쌍방향 소통입니다. 상대의 입장, 이해 수준, 관심사 등을 충분히 고려해야 합니다.

둘째, 자신감 있는 태도입니다

내용을 충분히 숙지하고 자신감 있게 전달하는 태도가 중요합니다. 여기에는 말투뿐 아니라 제스처, 표정, 당당한 시선 처리 등 비언어적인 메시지도 포함됩니다. 긴장되는 상황일수록 호흡을 가다듬고 차분하게 전달하는 것이 핵심입니다.

셋째, 적극적인 경청과 열린 자세를 유지해야 합니다

상대방의 메시지를 잘 경청하고, 열린 마음으로 피드백을 수용하는 태도가 필요합니다. 이러한 태도는 상대에게 존중받는다는 느낌을 주며, 그 과정에서 자연스럽게 설득력이 높아집니다. 또한 상대의 질문에 대답하기 어려울 때는 변명하지 않고, "그 부분은 추가 확인 후 다시 보고드리겠습니다"라고 솔직하게 답변하는 것이 신뢰를 높이는 방법입니다.

조직 내 모든 일은 결국 설득을 통해 완성됩니다. 스스로 충분히 납득하지 못한 보고는 결코 타인의 마음을 움직일 수 없습니다. 따라서 설득의 첫 번째 대상은 언제나 '나 자신'이어야 합니다. 내 안에 확신이 선 뒤에야 성실히 준비한 논리가 힘을 얻고, 비로소 내가 만든 자료가 빛을 발휘할 수 있습니다.

6

협업을 완성하는 '요청'

　일은 혼자 하는 게 아니라 서로 협력하며 완성해 가는 과정입니다. 그 과정에서 우리는 리더·후배·동료와 끊임없이 소통하며, 크고 작은 요청을 주고받습니다. 이때 '요청'은 단순한 부탁이 아니라, 업무 현장에서 반드시 갖추어야 할 중요한 소통의 기술이자 역량입니다.

　요청은 업무의 효율성과 성과에 직접적인 영향을 미칩니다. 팀의 목표 달성이나 프로젝트의 성공은 혼자의 힘으로 이루어지지 않으며, 팀원들 간의 연결과 협업을 통해 완성됩니다. 따라서 효과적인 요청은 업무의 흐름을 원활하게 하고, 역할 분담과 일정관리 그리고 업무효율성을 높이는 데 큰 기여를 합니다. 반대로 요청을 제때 제대로 하지 못하면 업무가 지연될 뿐만 아니라 개인과 팀 모두에게 불필요한 스트레스가 쌓이게 됩니다.

업무 요청이 어렵게 느껴진다면

업무 요청을 유독 힘들어하는 사람들에게는 몇 가지 공통적인 심리적 특징이 나타납니다.

첫째, 거절에 대한 두려움입니다. 상대가 거절하거나 내 기대와 다르게 행동할까 봐 주저하게 됩니다. '혹시 안 된다고 하면 어떡하지?' '일정을 부담스럽다고 생각하면 어쩌지?'와 같은 불안이 요청을 망설이게 만듭니다.

둘째, 상대에게 부담을 준다는 생각입니다. 상대의 과도한 업무량을 잘 알고 있을수록, 내 요청이 부담될 수 있겠다는 생각에 망설이게 됩니다. 결국 '굳이 말하지 말자'라고 결론 내리고, 혼자 모든 것을 감당하려 합니다.

셋째, 자존심과 평판관리의 문제입니다. 도움을 요청하면 자신의 능력이 부족해 보일 수 있다는 생각에 망설이기도 합니다. 유능하고 독립적인 사람으로 보이고 싶은 마음이 클수록 도움을 요청하는 일이 더 어려워집니다.

넷째, 요청할 대상에 대한 신뢰 부족입니다. 상대가 제대로 해내지 못할 것 같다는 생각이 들면 차라리 혼자 하는 편이 더 낮다고 판단하게 됩니다. 이는 장기적으로 업무 과부하를 초래하는 원인이 됩니다.

다섯째, 관계를 불편하게 만들 수 있다는 우려입니다. 업무 요청이 자칫 '지시'처럼 들려 오해를 받을 수 있다고 걱정하면 요청을 주저하게 됩니다.

요청이 어렵게 느껴진다면 관점을 바꿔 볼 필요가 있습니다. 상대가 거절한다면 그것은 그 사람의 상황에 따른 선택일 뿐입니다. 상대의 판단과 감정까지 내가 책임지려 한다면 요청은 점점 더 어려워집니다.

요청은 부담을 주는 행동이 아니라, 오히려 '상호 연결'의 시작입니다. 내가 먼저 요청을 명확히 말할수록 상대도 자신의 상황을 솔직하게 표현할 수 있고, 이후에는 서로가 편하게 요청을 주고받는 관계가 형성됩니다. 요청은 관계를 불편하게 만드는 말이 아니라, 서로의 자원을 연결해 일을 더 효율적으로 만드는 소통방식입니다.

💬 요청을 잘하는 사람의 말습관

업무 요청은 상대를 설득하고 조율하는 과정입니다. 같은 업무 요청이라도 어떤 사람의 말에는 선뜻 협조하고 싶어지고, 어떤 요청에는 부담을 느끼게 됩니다. 요청을 잘하는 사람들에게는 다음과 같은 공통적인 말습관이 있습니다.

첫째, 강압적인 말투가 아닌, 존중과 자율적인 말투입니다

"이 자료 오늘 퇴근 전까지 처리해 주세요"처럼 지시적 표현이 아니라 "오늘까지 이 자료를 검토해 주실 수 있을까요?"처럼 질문 형태로 요청합니다. 그러면 상대가 자신의 의지로 선택한다는 생각을 가지게 되어 협조 가능성이 높아집니다.

둘째, 요청의 이유가 이해될 때 자연스럽게 수락합니다

업무를 요청할 때 기한만 전달하면 우선순위에서 밀리기 쉽습니다. 하지만 "내일 오전 영업회의에서 회계자료를 보고해야 합니다. 바쁘시겠지만, 이 자료를 한 번 검토해 주실 수 있을까요?"처럼 '왜 지금 이 일이 필요한지' 이유와 맥락을 함께 실명하면 상대는 업무의 중요성을 인식하고 기꺼이 움직이게 됩니다.

셋째, 평소에 신뢰와 호감을 쌓아둡니다

필요할 때만 연락하는 '필요에 의한 관계'가 아니라, 평소 꾸준히 호감과 신뢰를 쌓아두는 것이 중요합니다. 평소 신뢰가 쌓인 사람의 부탁이라면 자연스럽게 마음이 열립니다.

효과적인 요청은 협업에 있어 중요한 소통의 기술입니다. 조직에서는 다양한 이해관계자들과 함께 일하기 때문에 요청을 어떻게 하느냐에 따라 결과가 달라지기도 합니다. 이를 위한 구조화된 방법이 바로 NEED 기법입니다.

N(Notice) : 현재의 상황 공유하기

요청의 배경과 맥락을 설명하여 상대가 사안의 중요성을 이해하도록 돕습니다. 상대가 상황을 이해할수록 요청의 필요성과 맥락을 자연스럽게 받아들이게 됩니다.

E(Explain) : 구체적으로 설명하기

누가, 언제, 무엇을 해주길 원하는지 명확하고 구체적으로 전달합니다. 요청 내용이 구체적일수록 오해는 줄어듭니다.

E(Empathize) : 공감 표현하기

갑작스러운 요청의 경우, 상대방도 당황하거나 난처할 수 있습니다. 따라서 요청할 때는 상대의 상황과 부담, 업무량 등을 충분히 고려하고 있다는 태도를 보여줍니다. 특히 갑작스러운 요청일수록 이 단계가 중요합니다.

D(Display Gratitude) : 감사 표현하기

요청을 수락하든 거절하든 관계없이 감사의 표현으로 마무리합니다. 이는 이후 협업관계에도 긍정적인 영향을 미칩니다.

영업팀의 김 프로는 고객사의 긴급 요청으로 마케팅팀에 협조를 구해야 하는 상황이었습니다.

"담당하고 있는 주요 고객사에서 새로운 제품 프로모션 자료를 요청해 왔습니다. 이번 주 내로 자료를 제출해야 하는 상황이라 급하게 연락드렸습니다.(Notice) 고객 설명회에서 사용할 제품 비교표와 장점 요약 자료를 이번 주 목요일 오전까지 제작해 주실 수 있을까요?(Explain) 마케팅팀도 현재 다른 프로젝트로 무척 바쁘시다는 걸 잘 알고 있습니다.(Empathize) 이런 급박한 부탁을 드려 정말 죄송하고, 협조해 주신다면 큰 힘이 될 것 같습니다. 부탁드립니다.(Display Gratitude)"

요청한 업무가 마무리된 이후에는 어떤 점이 도움이 되었는지 구체적으로 언급하며 다시 한번 감사를 전하는 것이 좋습니다.

요청에 대해 상대방이 거절했더라도 이를 수용하는 태도가 필요합니다. 조직에서는 지속적으로 협업해야 하는 상황이 반복되기 때문에 한두 번의 거절을 일반화하거나 부정적으로 해석하면 업무에 도움이 되지 않습니다. 이를 위해서는 거절의 이유를 열린 마음으로 경청하고, 대안을 함께 찾아보는 자세도 필요합니다. 또한 거절을 개인적인 문제로 받아들이기보다는 상황적인 이유로 이해하고, 다음 기회에 다시 요청할 수 있도록 관계를 긍정적으로 유지해야 합니다.

7
관계를 지키는 '거절'

"자신의 물그릇이 차야 다른 사람을 도울 수 있다"는 말이 있습니다. 타인에게 도움을 주기 전에 자신을 먼저 돌보고 채워야 비로소 누군가를 진심으로 도울 수 있다는 의미입니다. 하지만 업무 또는 일상에서 정작 자신이 힘든 상황임에도 거절하지 못해, 스스로를 소진시키면서까지 타인의 요청을 들어주는 경우가 많습니다.

우리가 거절을 하지 못하는 이유는 다양합니다. 상대의 기대를 충족시켜 인정받고 싶은 마음, 권력 관계로 인해 거절할 수 없는 불안함, 관계가 불편해질 수 있다는 두려움, 혹은 착한 사람으로 보이고 싶은 마음 등이 거절을 어렵게 만듭니다.

하지만 자신이 채워지지 않은 상태에서 거절하지 못하고 무

리하게 베풀면 결국 후회와 자책만 남게 됩니다. 자신을 돌볼
여유도 없이 타인에게만 맞추다 보면 어느 순간 몸과 마음은
완전히 고갈되어 버립니다. 또한 나 역시 상대에게 기대하는
마음이 생기고, 그것이 충족되지 않으면 실망으로 이어지기도
합니다.

거절은 이기적인 행동이 아니라, 자신을 지키기 위한 책임감
있는 선택입니다. 자신의 한계와 상황을 객관적으로 바라보고,
때로는 "지금은 어렵습니다"라고 말할 수 있는 용기가 필요합니
다. 그때 비로소 타인을 기쁘게 도울 수 있는 진정한 에너지와
힘이 생깁니다. 거절은 관계의 단절이 아니라, 더 나은 관계를
위한 필수적인 과정입니다.

💬 지혜롭게 거절을 잘하는 사람의 특징

주변을 둘러보면 정중하게 거절하면서도 원만한 관계를 유지하
는 사람들이 있습니다. 그들에게는 몇 가지 특징이 나타납니다.

첫째, 높은 자기인식이 있습니다

자기인식이 높은 사람들은 지금 현재 자신의 한계 등을 정확
히 인지하고 '지금 이 부탁이 나에게 무리가 되는가?'를 냉철히

판단하여 의사결정을 내립니다. 또한 부탁을 받았을 때 자신에게 거절할 권리가 있다는 점을 인식하고 있기 때문에 자신의 한계를 지키면서도 합리적인 결정을 내릴 수 있습니다. 이는 자신의 우선순위를 명료하게 알고 있는 것입니다.

둘째, 명확하고 단호하게 자신의 의사를 표현합니다

거절을 돌려 말하기보다 분명하게 전달합니다. "요청해 주셔서 감사하지만, 현재 맡은 업무가 많아 이번에는 함께하기 어려울 것 같습니다"와 같이 구체적이면서도 상대가 무안하지 않고 관계에 불편함을 느끼지 않도록 공감적 태도로 표현합니다.

셋째, 죄책감이 적고 거절 민감성이 낮습니다

거절을 힘들어하는 사람들 중에는 '사회적 민감성'이 높은 분들이 많습니다. 이들은 거절한 뒤 상대가 자신을 부정적으로 볼까 하는 걱정과 도와주지 못한 것에 대한 죄책감을 느끼곤 합니다. 하지만 정중하게 거절했음에도 불구하고 거절 자체로 당신을 부정적으로 평가한다면 그 관계의 기준과 경계를 다시 고민해 볼 필요가 있습니다. 거절을 잘하는 사람은 거절을 자신의 정당한 권리로 인식하기 때문에 상대의 불만이나 부정적인 반응에도 크게 흔들리지 않습니다.

넷째, 대안을 제시할 줄 아는 유연함이 있습니다

상대방의 관점에서 생각하면서 단순히 "아니요. 어렵습니다"라고만 말하는 것이 아니라 상대방이 다른 방안을 찾을 수 있도록 돕거나 제안하는 유연함이 있습니다. "이번에는 참석이 어렵지만, 다음 달이라면 일정이 가능합니다. 그때 다시 이야기해 주시면 좋겠습니다"와 같이 대안을 제시함으로써 관계의 부정적 영향을 최소화합니다.

거절을 잘한다는 것은 '자율성'과 '연대감'이 모두 높다는 것을 의미합니다. 자신에 대한 믿음을 기반으로 하여 상대를 배려하는 관점을 함께 유지하는 태도입니다. 거절은 공감능력의 부족이 아니라, 상대의 입장을 충분히 헤아리면서도 자신의 한계를 지킬 수 있는 균형 잡힌 선택입니다.

하지만 평소 거절이 익숙하지 않다면 처음부터 잘해 내기는 어려울 수 있습니다. 일상에서 작은 거절부터 시도하며 반복적으로 연습하다 보면 점차 자신감을 키울 수 있습니다. 처음에는 거울을 보며 연습하는 것도 좋은 방법입니다. 우리는 모든 사람을 만족시킬 수 없습니다. 때로는 미움받을 용기도 필요합니다.

💬 나와 상대의 경계를 지키는 거절의 기술, CLEAR

나와 상대 모두를 존중하며 공감할 수 있는 거절의 5단계, CLEAR 기법을 소개합니다. 이 방법은 단순히 "아니요"라고 말하는 것을 넘어, 거절을 통해 관계와 업무를 보다 긍정적인 방향으로 이끌어 갈 수 있도록 돕는 방법입니다.

C(Clarify) : 요청을 명확히 듣고 이해하기

상대의 요청을 끊지 않고 충분히 경청하면서 상대방의 상황을 정확히 파악합니다. 경청 후에 거절과 수락을 결정해야 하기 때문입니다.

L(List) : 자신의 상황을 솔직하게 전달하기

현재 맡고 있는 업무나 일정 등 자신의 상황을 구체적으로 설명하여 불필요한 오해를 줄이고, 거절의 이유를 명확히 전달합니다.

E(Express) : 분명하고 단호하게 거절하기

애매하게 돌려 말하기보다 "죄송하지만 이번 참석은 어렵습니다"처럼 직접적이고 간결하게 거절을 표현하는 것이 좋습니다. 이때 쿠션어를 함께 사용하면 유용합니다. '쿠션어'란 본론에 앞서 덧붙이는 완충 표현으로, 말의 부담을 줄이고 상대의 감정을 배려하는 언어입니다. "죄송하지만" "감사하지만" "이번에는 어렵습니다만"과 같은 표현을 말합니다.

A(Alternative) : 가능하다면 대안 제시하기

가능한 대안이 있다면 상대가 선택할 수 있는 대안을 제시하는 것도 좋은 방법입니다. 이는 상대에게 당신의 문제를 함께 고민하고 있다는 모습을 보이는 중요한 표현입니다.

"지금은 제가 업무의 여유가 없습니다. 대신 ○○팀에 문의해 보시면 도움을 받을 수 있을 것 같습니다"처럼 상대가 다른 대안을 선택할 수 있도록 방법을 제시하면 상대 역시 감사를 느낄 수 있습니다. 물론 대안이 없다면 애써 제시하지 않아도 됩니다.

R(Respect) : 상대방의 감정을 존중하고 공감하기

상대가 실망할 수 있다는 점을 인정하고 공감의 표현을 합니다. "도움을 드리지 못해 아쉽습니다. ○○님께서 이해해 주시면 감사하겠습니다"처럼 거절로 인해 관계가 손상되는 것을 막을 수 있습니다.

개발팀의 김 대리는 PM으로부터 "이번 주 안에 신규 기능을 모두 개발해 달라"는 요청을 받았습니다.

(Clarify) 김 대리는 먼저 자신이 이해한 요구사항을 확인합니다. "현재 기획서에 포함된 신규 기능 A와 B를 포함한 전체 스펙 작업을 이번 주 안에 완료해 달라는 요청으로 이해했습니다. 맞을까요?"

(List) "현재 A사의 기능 수정 작업이 남아 있어, 이번 주 안에 신규 기능까지 진행하기에는 리소스가 부족한 상황입니다"라고 자신의 상황을 솔직히 설명합니다.

(Express) "죄송하지만 이번 주까지 신규 기능 개발을 진행하기는 어렵습니다"라고 분명하고 단호하게 거절의 의사를 전달합니다.

(Alternative) 김 대리는 PM에게 다른 대안으로 "대신 우선순위를 조정해 핵심 기능부터 다음 주에 개발 완료할 수 있도록 일정을 다시 협의해 보면 좋겠습니다"라고 대안을 제시합니다

(Respect) PM이 긴급하게 요청할 수밖에 없는 상황과 감정을 존중하며 "요청하신 일정이 촉박해서 답답하실 수 있다는 점 이해합니다. 하지만 품질을 보장하기 위해서는 조금 더 시간이 필요하다는 점을 양해해 주시면 감사하겠습니다"라고 상대를 헤아리는 말로 마무리합니다.

우리가 맺는 관계는 일시적인 만남이 아니라 앞으로도 이어지는 지속적인 관계입니다. 이런 상황에서 언제나 상대의 요구에만 맞추며 살아간다면 결국 자신이 소진될 수밖에 없습니다. 지금은 어렵더라도 나의 잔이 어느 정도 채워졌을 때 그때 도움을 주는 것이 오히려 더 현명하고 지혜로운 선택이 될 수 있습니다.

8

정중하게 말을 끊는
'잠깐만요'

얼마 전, 택시를 탔을 때의 일입니다. 기사님께서 자신의 개인사를 제게 들려주기 시작했습니다. 여유가 있는 상황이라면 기사님의 이야기를 즐겁게 들을 수 있었겠지만, 그날 택시를 탄 이유 중 하나는 다음 강의안을 검토하기 위해서였습니다. 목적지인 강연장까지는 약 30분이 남아 있었고, 저는 그 시간 동안 이떻게 해야 할지 고민스러웠습니다. 무표정하게 듣거나 인상을 쓰는 것은 예의가 아니라 생각되었고, 그렇다고 말을 중간에 끊자니 무척 조심스러웠습니다.

우리는 때때로 타인의 이야기가 길어질 때 흥미를 잃고, 그 대화에서 벗어나고 싶어 합니다. 하지만 혹시나 상대방에게 무레하게 보이지 않을까 걱정되어 말을 끊지 못하고 끝까지 듣곤 합니다. 이런 상황이 반복되면 대화는 즐거움이 아닌, 타인의 요구에 일방적으로 응하는 '정서노동'처럼 느껴지게 됩니다.

상대가 나의 표정이나 분위기를 보고 눈치껏 멈춰주면 좋겠지만, 대부분의 경우 상대는 내가 '잘 듣고 있다'고 착각하며 이야기를 이어갑니다.

💬 대화를 끊는 것은 무례가 아니라 기술이다

원활한 대화를 위해 상대의 말을 적절한 타이밍에 끊어내는 것은 결코 무례함이 아닙니다. 대화의 흐름을 관리하고, 관계의 피로도를 낮추며, 대화의 질을 높이는 고도의 소통 기술입니다. 우리가 대화를 정중히 멈춰야 하는 이유는 다음과 같습니다.

첫째, 시간을 효율적으로 활용하기 위함입니다

회의나 피드백처럼 시간이 제한된 상황에서는 특정 사람에게 발언이 집중되지 않도록 적절히 끊어 모두에게 발언의 기회가 주어지는 것이 좋습니다. 특히 빅 마우스(Big Mouth)처럼 말이 과도하게 길어지는 사람에게 대화가 끌려가지 않도록 주의해야 합니다. 이들은 필요 이상으로 말을 많이 하거나 비공식

정보를 퍼뜨려 대화의 본질을 흐리기도 합니다. 따라서 '대화의 시간관리'는 선택이 아니라 필수에 가깝습니다.

둘째, 정서적 경계를 지키기 위함입니다

'기 빨린다'는 표현처럼, 특정 사람과의 대화가 과도한 에너지 소모로 이어지는 경우가 있습니다. 대화의 중심이 자신이어야 만 하는 사람, 주장이 지나치게 강한 사람, 원치 않는 주제나 사생활을 묻는 사람들이 바로 그런 경우입니다. 이런 상황에서 대화를 적절히 멈추는 것은 무례한 행동이 아니라, 자신의 감정적 에너지를 지키고 건강한 관계의 경계를 세우는 데 도움이 되는 선택입니다.

셋째, 대화의 즐거움을 지키기 위함입니다

주제와 무관한 이야기가 길어지면 대화의 즐거움이 사라집니다. '티키타카'라는 표현처럼 대화가 사연스럽게 이어길 때 궁정적인 분위기가 형성됩니다.

넷째, 대화의 목적을 바로 잡기 위함입니다

대화 중에 목적을 잃은 말은 듣는 사람을 혼란스럽게 만듭니다. 이런 경우에는 핵심을 정리하고 집중시키기 위해 말을 끊는 것이 오히려 서로에게 도움이 됩니다.

그렇다면 관계를 해치지 않으면서도 자연스럽게 주제를 전환하거나 대화를 마무리하려면 어떻게 해야 할까요? 정중하게 말을 끊는 것은 상대를 무시하기 위한 행동이 아니라, 관계를 유지하기 위한 선택입니다. 다만 관계의 목적과 상황에 따라 표현방식은 달라져야 합니다.

대화를 정중하게 끊을 때 활용할 수 있는 기본 구조는 '양해-이유-대안'의 3단계입니다. 특히 사적인 대화가 길어져 중간에 말을 끊어야 하는 상황이라면, 다음과 같이 표현할 수 있습니다.

- **1단계) 양해** : 사과 또는 양해 구하기
- **2단계) 이유** : 정중하게 상황 설명하기
- **3단계) 대안** : 대안 제시 또는 마무리 의지 표현하기

"말씀 중에 죄송하지만,(양해) 곧 회의시간이어서 자리를 옮겨야 합니다.(이유) 이 이야기는 다음에 다시 이어서 듣고 싶습니다.(대안)"

이처럼 '양해-이유-대안'의 구조로 말하면 상대의 체면을 지켜주면서도 자연스럽게 대화를 정리할 수 있습니다.

💬 상황에 맞춰 유연하게 말의 흐름을 바꾼다

'양해-이유-대안' 3단계 구조에서 2단계의 '이유(상황 설명)'를 효과적으로 표현할 수 있는 몇 가지 방법이 있습니다. 이를 익혀 두면 정중하게 대화를 정리해야 하는 순간에 순발력 있게 대응할 수 있습니다.

첫째, 공감과 목적 제시입니다

심리코칭, 회의 상황에서 주로 사용하는 방법으로, 상대의 감정을 존중하면서 대화의 흐름을 전환합니다.

"지금 하시는 말씀에 충분히 공감이 갑니다. 그런데 제가 이 시점에서 꼭 여쭤보고 싶은 내용이 하나 있습니다."

둘째, 시간 언급입니다

개인적인 '감정'이 아닌, '시간'이라는 외부요인을 제시하여 상대방의 감정을 상하지 않게 하는 방법입니다.

"말씀해 주신 내용이 제게 큰 도움이 됩니다. 다만 다음 미팅이 예정되어 있어, 남은 시간 동안 중요한 점 위주로 다시 한번 요약해 주실 수 있을까요?"

셋째, 정서 표현입니다

비공식적인 자리에서 자신의 감정상태를 솔직하게 표현하는 방식으로, 관계의 부담을 완화시킬 수 있습니다.

"말씀 중에 끼어들어 죄송합니다. 오늘 컨디션이 좋지 않아 긴 대화를 이어가기가 조금 어려울 것 같습니다. 잠깐만 먼저 말씀드려도 될까요?"

이 외에도 상대방의 이름을 불러 주의를 환기하거나, 상대의 말을 요약하며 화제를 전환하는 방법, 혹은 테이블 위를 정리하는 등의 비언어적 행동 역시 대화의 흐름을 바꾸는 데 도움이 됩니다.

우리는 흔히 말을 끊는 것이 무례하다고 생각해 끝까지 들어야 한다는 강박을 갖곤 합니다. 또한 말을 끊는 것이 대화를 통제한다고 생각하기도 합니다. 하지만 그렇지 않습니다. 진정한 대화의 의미를 생각한다면, 마음속에서 상대방의 말에 집중하지 않고 불편한 감정과 생각으로 경청하는 것 역시 대화의 본질이 아닙니다. 진정한 대화에는 말의 즐거움이 있어야 합니다. 경청이 힘든 순간, 나와 상대를 모두 배려한다는 마음에서 정중하게 대화를 멈추는 선택이 필요합니다.

9

친밀함을 만드는 '스몰토크'

대화가 시작되기 전 '무슨 말을 해야 하지?'라는 생각이 들며, 정적이 흐르는 순간이 있습니다. 자연스럽게 말을 건네고 싶지만, 막상 입을 떼려 하면 어딘가 어색하고 부자연스럽게 느껴집니다. '지금 이 말이 상황에 맞을까?'라는 고민이 스치고 어색한 침묵이 흐릅니다. 자리가 끝난 뒤에는 '말하기 연습이라도 해야 하나?' 하는 후회가 밀려옵니다. 가끔은 알맹이 없는 '아무 말 대잔치'를 하고 온 것 같은 찜찜함이 남기도 합니다.

비즈니스 미팅이나 상사와의 식사 자리처럼 격식이 필요한 자리일수록 적절한 대화 주제를 찾는 일은 큰 고민으로 다가옵니다. 특히 기질적으로 '위험회피'나 '사회적 민감성'이 높은 사람들은 먼저 말을 꺼내야 한다는 부담을 느끼면서도, 혹시 내 말이 상대의 선을 넘지는 않을까 고민도 듭니다.

미국 드라마를 보면 옆자리에 앉은 사람들끼리 자연스럽게 대화를 나누는 장면을 쉽게 볼 수 있습니다. 또 엘리베이터에서 마주친 낯선 이와 눈이 마주치면 가벼운 미소나 짧은 인사를 건네는 것이 자연스럽지만, 우리에게는 여전히 이런 장면이 낯설고 어색하게 다가오곤 합니다.

💬 관계의 신뢰를 높이는 스몰토크

어색한 벽을 깨고, 관계의 질을 높이는 방법 중 하나가 바로 '스몰토크Small Talk'입니다. 스몰토크는 업무 중간의 휴식시간이나 잠깐의 여유시간에 날씨, 취미와 같은 가벼운 일상 이야기를 나누는 짧은 대화를 의미합니다. 겉보기에는 일과 무관한 '잡담'처럼 보일 수 있으나, 이 짧은 대화가 관계를 만들고 협업을 원활하게 하는 윤활유 역할을 합니다.

배달 플랫폼 '배달의 민족'은 조직문화 중 하나로 '잡담이 경쟁력이다'를 강조합니다. 잡담을 통해 사람 사이의 유대감이 만들어지고, 그 유대감이 신뢰로 이어지면서 보고나 협업, 아이디어 제안의 장벽이 낮아지기 때문입니다.

실제로 알렉스 펜틀랜드 교수 연구팀은 뱅크오브아메리카

콜센터를 대상으로 '스몰토크'에 대한 흥미로운 실험을 진행했습니다.* 일반적인 콜센터는 업무 효율성을 위해 상담원들의 휴식시간을 순번제로 운영하며 상담원 간 대화를 최소화합니다. 그러나 성과가 높은 팀의 특징을 분석해 본 결과 몇 가지 공통점이 발견되었습니다.

첫째, 상담원들이 가급적 함께 점심을 먹으며 자연스럽게 유대감을 형성했습니다.

둘째, 틈틈이 짧은 대화를 나누며 감정노동에서 오는 스트레스를 서로 공감하고 위로했습니다.

셋째, 고객응대 과정에서 얻은 작은 노하우와 실무 팁을 자연스럽게 공유했습니다.

은행 측은 이 결과를 바탕으로 상담원들의 휴식시간을 일부러 겹치게 조정하여 팀원들이 함께 쉬면서 자연스럽게 대화가 이루어질 수 있도록 '의도적인 스몰토크 환경'을 만들었습니다. 그 결과 업무 효율성은 약 8~20% 정도 향상되었고, 직무 만족도도 높아지면서 이직률까지 눈에 띄게 감소했습니다.

펜틀랜드 교수는 이러한 현상을 '아이디어의 흐름'이라고 설명합니다. 비공식적인 대화, 즉 스몰토크가 단순한 잡담이 아니라 스트레스를 완화하고 조직 안에서 지식과 경험이 흐르게 만

---

*　　Alex "Sandy" Pentland, <The New Science of Building Great Teams> (2012, HBR)

드는 중요한 통로가 된다는 겁니다.

스몰토크는 '가벼운 말'이 아닙니다. 관계를 형성하는 과정이며, 소소한 이야기를 나누는 것은 상대에게 자신의 정보를 적절히 열어 보이는 행동입니다. 이런 과정 속에서 신뢰가 형성되고, 필요한 순간에 조언과 도움을 주고받을 수 있는 관계가 만들어집니다.

💬 자연스럽게 대화를 연결하는 스몰토크의 기술

소통 강의를 하다 보면 스몰토크에 대해 종종 질문을 받습니다. "어떤 말로 대화를 시작해야 하나요?" "대화를 어떻게 마무리하면 좋을까요?" 스몰토크의 주제는 크게 '사적인 주제'와 '업무 주제'로 나눌 수 있습니다.

첫째, 사적인 주제입니다

비교적 부담 없이 대화를 시작할 수 있는 영역입니다. 단기적인 주제는 "지난 주말에는 어떻게 보내셨어요?"와 같이 취미, 관심사, 최근 즐긴 콘텐츠 등이 있습니다. 반면, 장기적인 주제는 "올해 개인적으로 꼭 해보고 싶은 일이 있으세요?"와 같이 꿈, 목표, 장기적인 계획 등이 있습니다.

둘째, 업무 주제입니다

업무와 관련된 스몰토크 역시 관계 형성에 도움이 됩니다. 단기적인 주제는 "요즘 가장 신경 쓰이는 업무가 무엇인가요?"와 같이 고민되는 업무, 최근 이슈, 현재 진행 중인 과제 등입니다. 반면, 장기적인 주제는 "앞으로 어떤 역량을 더 키우고 싶으세요?"와 같이 성장 목표, 역량 개발, 커리어 방향 등입니다.

스몰토크는 시작만큼 마무리도 중요합니다. "이야기를 나눠서 좋았습니다. 이따 뵙겠습니다"처럼 가볍게 인사를 하거나, "말씀 덕분에 아이디어를 얻었습니다. 감사합니다"처럼 상대가 준 정보에 감사의 표현을 전하며 자연스럽게 대화를 정리하는 것이 좋습니다.

💬 느슨한 연대의 시작

로버트 치알디니의 저서 《설득의 심리학》*에는 설득원리 중 하나로 '호감의 원칙'을 설명합니다. 사람은 자신이 좋아하고 친숙하게 느끼는 사람의 요청에 더 쉽게 "예스"라고 말하는 경향이

---

* 《설득의 심리학》 로버트 치알디니, 21세기북스, 2023

있다는 겁니다. 이러한 호감과 친숙함을 만드는 가장 실용적인 방법이 바로 '스몰토크'입니다.

스몰토크는 깊은 이야기를 나누는 대화는 아니지만, 짧은 대화가 쌓이면서 심리적 거리감을 좁히고 편안한 호감을 느끼게 하며, 이는 곧 '느슨한 연대'를 만들어 줍니다.

모든 관계는 반드시 깊어야만 좋은 것은 아닙니다. 얕지만 긍정적인 관계가 많아질수록 사소한 호감이 쌓여 개인의 평판은 자연스럽게 높아집니다. 이러한 관계는 사람 사이의 네트워크를 넓히고, 삶의 결정적인 순간에 도움의 손길을 받을 가능성을 높여 줍니다. 스몰토크는 이를 가능하게 하는 가장 쉽고도 영리한 대화 방법입니다.

PART 4

갈등을 해결하는 소통의 지혜

갈등을 다루는 지혜,
갈등지능

영업팀의 신 과장은 재무팀 황 과장과의 의견 충돌로 고민에 빠졌습니다. 영업팀은 신규 고객을 확보하고 매출 전략을 수립하는 역할을 맡고 있으며, 재무팀은 계약의 수익성 검토 및 손익 분석 업무를 담당합니다.

최근 신규 고객사와의 계약 과정에서 영업팀은 회사의 적정 수익률보다 낮은 조건으로 계약을 수주했습니다. 이를 확인한 황 과장은 해당 조건이 회사의 수익 기준과 상충한다는 이유로 계약 성사가 어렵다는 입장을 밝혔습니다. 하지만 신 과장은 이번 계약을 계기로 장기적인 거래관계를 구축할 수 있다면 일정 수준의 수익률 조정은 감수할 수 있다고 판단했습니다.

황 과장은 적정이익 확보와 더불어 조직의 기준을 지키는 것이 장기적으로 고객과의 신뢰를 유지하는 길이라고 봤습니다. 기준이 한 번 흔들리면 유사한 예외 요청이 반복될 것이고, 이는 다른 팀과의 형평성 문제로 이어질 수 있다는 우려도 제기했습니다. 결국 신 과장은 '시장 선점과 매출 확보'를, 황 과장은 '원칙 준수와 리스크 관리'를 기준으로 삼으며 의견 충돌이 발생한 겁니다.

갈등은 단순한 의견 차이보다 각자의 역할과 업무목표 그리고 장기 전략에 대한 관점 차이에서 비롯됩니다. 신 과장은 초기 계약 확보를 통해 이후 장기적 계약 성사까지 내다보고 있었고, 황 과장은 재무팀의 입장에서 기준을 지키는 것이 우선이라는 관점에서 문제를 바라봤습니다. 조직에서는 이와 같은 갈등이 빈번하게 발생합니다. 양측 모두 자신이 담당하는 업무의 중요성과 책임감을 근거로 주장하고 있기 때문에 어느 의견이 더 옳다고 단정 짓기 어렵습니다.

만약 두 사람의 업무가 바뀐다면, 지금과 같은 주장을 펼칠 수 있을까요? 신 과장이 재무팀이라면 '기준이 무너지면 이후에도 계속 예외를 허용해야 한다'고 주장할 것이고, 황 과장이 영업팀이라면 '이번 계약을 놓치면 시장 선점과 매출 기회를 잃게 된다'고 주장할 겁니다.

결국 갈등의 해결은 서로의 역할과 입장을 이해하고, 소통을 통해 공동의 목표 아래 합의를 이끌어 내는 데 있습니다. 누가 옳고 그른지를 따지는 대화는 결국 감정만 남게 됩니다. 갈등상황에서는 단순히 '누가 옳은가'를 가리기보다, 상황과 입장에 맞는 태도를 취하는 것이 필요합니다.

💬 갈등해결을 위한 열쇠, '갈등지능'은 '감성지능'과 다르다

갈등을 슬기롭게 해결하려면 '갈등지능'이 필요합니다. '갈등지능'은 갈등상황에서 나와 타인의 감정을 인식하고, 이를 효과적으로 조절하며 대처하는 능력을 의미합니다.

컬럼비아대학교의 모턴 도이치 국제협력 및 갈등해결센터*의 연구 결과에 따르면, 리더가 갈등을 해결하기 위해서는 4가지 핵심역량이 필요하다고 말합니다.

첫째, 자기인식과 자기조절력입니다. 자신의 감정반응을 인식하고 조절함으로써 감정에 휘둘리지 않고 침착하게 대응하는 능력입니다.

둘째, 사회적 갈등해결 기술입니다. 깊이 있는 경청, 주장과 협력의 균형, 그리고 자신의 편향을 점검하는 과정을 통해 리더가 갈등 속에서도 건설적이고 합리적인 해결책을 도출하는 능

---

* 피터 T 콜먼, 갈등지능형 리더, 하버드비즈니스리뷰, 2025.7-8월호

력입니다.

셋째, 상황 적응력입니다. 갈등의 유형과 맥락, 조직의 문화적 뉘앙스에 따라 언제 개입하고, 언제 한발 물러서며, 어떤 방식으로 조정해야 하는지를 판단하는 능력입니다.

넷째, 체계적인 지혜입니다. 리더가 일희일비하지 않고 큰 그림을 보고 복잡성을 수용하는 태도입니다. 과거의 성공과 실패에서 교훈을 얻어 과거의 해결책을 답습하지 않고, 근본적으로 갈등을 해결할 수 있게 하려는 통찰입니다.

여기서 '감성지능'과 '갈등지능'을 구분할 필요가 있습니다. 감성지능은 자신과 타인의 감정을 이해하고 공감하는 능력으로, 공감, 자기조절, 사회적 인식과 같은 정서적 기술을 포함합니다. 반면, 갈등지능은 의견 불일치와 이해관계의 충돌을 관리하고 해결하는 능력으로, 상황적 요인, 조직의 구조적 맥락까지 이해하고 그 속에서 가장 효과적인 대응방식을 선택하는 능력을 포함합니다.

갈등을 슬기롭게 해결하는 갈등지능은 갈등을 피하는 것이 아니라, 자신과 타인을 깊이 이해하고 상황에 맞게 방법을 조정함으로써 갈등을 변화와 성장으로 전환시키는 능력입니다. 이는 리더뿐 아니라 갈등을 해결하고자 하는 모든 사람들에게 필요한 필수역량입니다.

2

관점 차이에서 비롯된 갈등

강의 중 "갈등하면 어떤 생각과 이미지가 떠오르나요?"라고 질문하면, 대부분 "머리가 아프다" "스트레스 받는다" "피하고 싶다"와 같은 부정적인 답변을 먼저 내놓습니다. 물론 일부는 '소통' '이해' '해결'처럼 긍정적인 답변을 말하기도 하지만, 대체로 갈등을 부담스럽고 피해야 할 경험과 연결합니다.

그러나 갈등은 부정적인 의미만을 담고 있는 것은 아닙니다. 같은 갈등이라도 갈등을 바라보는 관점에는 분명한 '경험의 차이'가 존재합니다. 일상에서 갈등을 비교적 건강하게 해결해 본 경험이 많은 사람은 갈등을 협력, 성장, 변화의 기회로 인식합니다. 반대로 갈등으로 인해 상처를 받았거나 어려움을 겪은 경험이 많다면 갈등을 위협으로 받아들이고 부정적인 이미지를 떠올리게 됩니다. 결국 갈등에 대한 인식은 갈등 그 자체보다 과거에 갈등을 어떻게 경험해 왔는가에 의해 영향을 받게 됩니다.

💬 침묵 뒤에 숨은 함정, '애빌린 패러독스'

갈등은 순기능과 역기능을 동시에 가지고 있습니다. 만약 삶이나 조직 속에 갈등이 전혀 없다면, 그것은 평화가 아니라 오히려 정체와 침체를 의미할 수 있습니다. 겉으로는 평온해 보이지만, 사실은 구성원들이 자신의 진짜 목소리를 내지 못한 채 침묵하고 있다는 상태일 수 있습니다. 이러한 상황을 잘 보여주는 개념이 바로 '애빌린 패러독스Abilene Paradox'입니다.

애빌린 패러독스란 구성원 누구도 원하지 않는 선택을 집단 전체가 합의한 것처럼 착각하여 실행해 버리는 현상을 말합니다. 경영학자 제리 하비Jerry B. Harvey는 이를 자신이 경험한 사례로 설명합니다.

더운 여름날 제리 하비의 장인은 가족들이 지루할 거라고 생각해 50마일 떨어진 애빌린으로 이동해 외식을 했습니다. 그러나 외식을 마치고 돌아왔을 때, 가족 모두는 집에서 쉬고 싶었다고 이야기합니다. 아무도 외식을 원하지 않았던 겁니다. 이는 겉으로는 갈등이 전혀 드러나지 않았지만, 실제로는 갈등을 피하기 위해 모두가 침묵한 결과였습니다.

조직에서도 이와 같은 상황은 흔히 일어납니다. 구성원 개개인은 각기 다른 생각을 가지고 있음에도 불구하고, 서로가 반대할 거라고 지레짐작해 솔직한 의견을 내지 않게 됩니다. 그 결과 아무도 원하지 않는 방향으로 결정이 나고, 이는 조직에 부정적인 결과를 초래합니다. 이처럼 갈등을 회피하는 태도는 오히려 더 큰 문제를 만들어 냅니다.

이러한 문제를 극복하기 위해 인텔Intel의 전 대표 앤디 그로브Andy Grove는 '건설적 대립'을 강조합니다. 인텔은 문제나 쟁점이 있을 때 이를 덮어두지 않고 적극적으로 제기하여 열띤 토론과 논쟁을 통해 해결책을 찾는 문화를 지향했습니다. 이를 위해 앤디 그로브가 제시한 4가지 대립의 원칙은 다음과 같습니다.

- 첫째, 문제 당사자와 직접 해결하는 직접적 대립
- 둘째, 사실과 경험에 근거한 객관적 대립
- 셋째, 사람이 원인이 아닌, 문제를 해결하기 위한 방향으로 대안을 가지고 해결책에 집중하는 긍정적 대립
- 넷째, 문제를 시의적절하게 다루는 적시의 대립

갈등에서 중요한 것은 갈등을 바라보는 태도와 대처방식입니다. 갈등을 성숙하게 다루면 조직의 성장과 발전으로 이어지지만, 미숙한 대처는 발전을 저해시키고 파괴적 결과로 이어질 수 있습니다. 갈등은 침묵이나 무관심으로 해결되는 문제가 아니라, 슬기롭게 다루어야 할 소통의 과제입니다.

💬 이해관계의 차이가 만드는 갈등

최근 MZ세대 사이에서 화제가 된 '깻잎 논쟁'과 '새우 논쟁'이 있습니다. 깻잎 논쟁은 자신의 연인이 이성 친구의 깻잎을 떼어주는 행동을 허용할 수 있는가를 두고 벌어진 논쟁입니다. 강의 현장에서 이 주제로 질문하면 다양한 의견이 쏟아집니다. 우선, 깻잎을 떼어주는 것이 '괜찮다'는 입장은 연인 사이에 신뢰가 있다면 문제될 게 없고, 사소한 행동에 의미를 부여할 필요가 없다는 주장입니다. 반면, '허용할 수 없다'는 입장은 상대가 깻잎을 떼는 것이 어렵다면 두 장을 먹으면 될 일이지, 굳이 내 애인이 떼어줄 필요가 없다는 의견입니다.

이와 유사한 논쟁으로 '새우 논쟁'이 있는데, 이는 애인이 내 친구의 새우를 까주는 상황이 연인 관계에서 허용 가능한 행동인지에 대한 논쟁입니다. 허용하는 쪽은 한 사람이 새우를 까주면 모두가 편하다는 의견과 내 애인만 고생하는 모습을 보고 싶지 않다는 주장을 내놓습니다.

강의 현장에서 논쟁을 나누다 보면, 사소해 보이는 주제가 복잡한 갈등으로 이어지곤 합니다. 표면적으로 보면 깻잎을 떼어주고 새우를 까주는 행동 자체가 논란의 중심처럼 보이지만, 갈등의 이면에는 각자 다른 메시지가 숨어 있습니다. 깻잎이나 새우를 떼어주거나 까주는 게 괜찮다고 보는 입장은 연인의 친구를 배려하려는 마음에서 비롯됩니다. 반대로 괜찮지 않다고 보는 입장은 친구 앞에서 자신이 더 특별한 존재, 즉 사랑받는 사람으로 인식되고 싶은 욕구가 담겨있습니다. 결국 이 갈등은 서로의 욕구가 다르기 때문에 생겨난 겁니다.

이처럼 보여지는 표면의 메시지에 집중하면 갈등은 해결되기 어렵습니다. 갈등해결을 위해서는 드러난 행동에 집중하기보다 이면에 숨겨진 각자의 신념과 가치관, 그리고 욕구가 어떻게 다른지 이해하는 능력을 키워야 합니다. 그러나 대부분 이를 간과하고, 내가 중요하게 생각하는 것을 상대도 당연히 중요하게 여길 것이라 착각하는데, 이를 '비양립성 오류'라고 합니다.

나와 상대가 다를 수 있다는 사실을 인정하지 않으면 갈등은 반복될 수밖에 없습니다. 갈등을 해결한다는 것은 표면적인 메시지가 아니라, 그 이면에 있는 입장과 욕구를 이해하는 겁니다. 이를 보지 못하면 갈등은 쉽게 해결되지 않습니다.

💬 다정하지만 단호하게 중심을 잡는다

갈등은 피할 수 없습니다. 우리의 일상에는 크고 작은 갈등이 다양한 이유로 발생합니다. '갈등'이라는 말은 칡과 등나무가 서로 얽혀 있는 모습을 뜻합니다. 갈등 역시 여러 요인이 복합적으로 얽혀 나타나는 경우가 많습니다. 그렇기에 갈등을 단순히 '문제'로만 보거나 무조건 피하려 하기보다, 서로의 차이를 이해하고 어떻게 해결할지 고민하는 태도가 필요합니다.

갈등은 이해관계가 충돌하는 두 명 이상이 만날 때 자연스럽게 발생합니다. 이를 감정적 대립으로만 바라보면 해결은 멀어지지만, 서로의 입장과 욕구를 이해하는 과정으로 본다면 갈등은 관계를 한 단계 발전시키는 계기가 될 수 있습니다. 이때 필요한 태도는 상대를 존중하는 다정함과 자신의 원칙을 분명히 전하는 단호함입니다. '다정하지만 단호한' 소통은 감정에 휘둘리지 않으면서도 내면의 중심을 단단히 지키는 힘에서 비롯됩니다.

드라마 〈미생〉에는 검정고시 출신과 낙하산 인사라는 이유로 동료들의 괴롭힘을 당하는 장그래의 모습이 나옵니다. 이때 장그래를 안타까워하는 동료 김동식 대리는 "참지 말라"고 조언합니다. 그러나 장그래는 바둑에 빗대어 이렇게 생각합니다.

'상대가 역류를 일으켰을 때 내가 순류를 유지하는 것이야말로 상
대 입장에서 보면 역류가 된다. 그러니 나의 흐름을 흔들림 없이
견지하는 태도가 최고의 방어수단이자 공격수단이다.'

이 말은 갈등상황에서 상대의 자극에 즉각적으로 반응하는
것이 반드시 현명한 선택은 아니라는 점을 말해 줍니다. 오히려
자신의 중심을 잃지 않고 문제의 본질을 바라보는 태도가 갈등
속에서 자신을 보호하고 상황을 주도할 수 있는 힘이 됩니다.
이는 불필요한 감정 소모를 줄이고, 갈등을 슬기롭게 극복하는
가장 현명한 방법입니다.

3

갈등, 최선의 선택을 찾는 과정

제약 영업팀의 김 과장은 A병원의 주문에 맞춰 물량을 발주했으나, 납품 3일 전 병원 측으로부터 갑자기 주문을 취소하겠다는 통보를 받았습니다. 이미 공장에 발주가 완료된 상태라 김 과장은 매우 곤란한 처지에 놓였습니다. 김 과장은 A병원에 발주가 들어간 상황이라 취소가 불가하다고 설명했으나, 병원 측은 해당 물량이 잘못 주문된 것이며 김 과장이 최종 확인을 하지 않아 발생한 문제라고 책임을 돌렸습니다. 병원 물량에 맞춰 주문이 이루어졌기 때문에 취소가 확정되면 재고 부담은 고스란히 회사의 몫이 되는 상황이었습니다. 김 과장은 이 내용을 팀에 보고했고, 팀원들은 각자의 거래처에 연락해 물량을 분산 판매하는 방식으로 재고 리스크를 최소화하기로 결정했습니다.

만일 김 과장이 "이미 발주가 들어갔으니 물량을 받으셔야 합니다"라고 강하게 주장한다면 단기적으로는 손해를 막을 수는 있겠지만, 병원과의 관계가 급격히 악화되어 향후 거래가 끊길 수도 있습니다. 특히 A병원이 김 과장의 매출에서 차지하는 비중이 크다면, 강경 대응은 더욱 쉽지 않은 선택입니다. 당장의 손실을 피하기 위해 강경하게 대응했다가 고객사를 잃게 되면, 결과적으로 장기적인 매출과 성과는 낮아질 수 있습니다.

갈등해결은 단순히 옳고 그름을 가리는 것을 넘어, 손실을 최소화하면서도 관계를 지켜내는 전략적 접근이 필요합니다.

💬 갈등을 일으키는 8가지 복합적 원인

갈등은 어느 한 가지 원인으로 발생하기보다 관계의 특성, 상황의 맥락, 그리고 개인의 해석 등의 요인이 얽히며 복합적으로 나타납니다. 갈등을 효과적으로 해결하려면 먼저 갈등의 원인을 정확히 파악해야 합니다.

첫째, 이해관계의 차이에서 발생합니다. 조직에서는 시간·예산·인력과 같은 한정된 자원을 두고 서로 다른 욕구와 필요가 충돌할 때 갈등이 생깁니다. 부서 간 예산 배분, 승진 경쟁, 성과 평가 등이 대표적입니다.

둘째, 가치관과 신념의 차이에서 비롯되기도 합니다. 가치관은 삶에서 무엇을 중요하게 여기는가에 대한 기준이며, 신념은 무엇이 옳고 그른지에 대해 스스로 확신하는 생각입니다. 가치관이 '우선순위'라면 신념은 '판단의 잣대'에 가깝습니다. 개인이나 집단마다 이러한 기준과 잣대가 다를 때 갈등은 자연스럽게 발생합니다. 갈등의 본질은 '누가 더 옳은가'의 문제가 아니라, 서로가 무엇을 더 중요하게 여기는가의 차이에 있습니다.

셋째, 역할과 책임의 불명확함에서 발생합니다. 업무 경계가 모호하거나 책임 소재가 분명하지 않을 때, 업무가 중복되거나 서로 미루는 상황이 생깁니다. 그 과정에서 '왜 내가 이 일을 해야 하는가'라는 불만이 쌓이고, 이는 결국 갈등으로 이어집니다.

넷째, 의사소통의 문제에서 발생합니다. 정보 전달의 오류, 오해, 불충분한 소통 등이 갈등의 원인이 됩니다. 리더는 업무지시를 명확히 했다고 생각하지만, 팀원은 다르게 이해해 갈등이 발생하는 경우가 많습니다.

다섯째, 성격과 행동 스타일의 차이에서 발생합니다. 개인의 성향과 대인관계 방식이 서로 다를 때 충돌이 발생합니다. 신중한 업무처리와 즉흥적인 처리방식, 직설적인 피드백과 우회적인 표현 등이 갈등의 원인이 됩니다.

여섯째, 세대 및 문화적 차이에서 발생합니다. 성장배경, 세대, 조직문화의 차이로 사고방식과 태도가 충돌할 수 있습니다.

일곱째, 권력과 지위의 불균형에서 발생합니다. 리더가 부당한 요구를 하거나 권위를 남용할 때 팀원들은 불만을 느끼고 갈등이 발생합니다.

여덟째, 감정적 상처와 오해에서 발생합니다. 무심코 한 말이나 행동이 상대방에게 무시나 모욕으로 받아들여지며 감정이 격해지면서 갈등으로 이어집니다.

갈등은 같은 상황에서도 사람마다 다르게 받아들여집니다. 어떤 사람은 수직관계의 갈등은 '시키는 대로 하면 문제없겠다'라고 느껴 상대적으로 덜 불편해합니다. 반대로 어떤 사람은 '내 자율성이 침해받는다'고 느껴 민감하게 반응합니다. 이처럼 갈등은 상황 자체보다, 그 상황을 바라보는 개인의 신념과 기준에 따라 더 어렵게 느껴지기도 합니다. 따라서 갈등을 해결하기 위해서는 이러한 다양한 원인을 종합적으로 이해하고 접근하는 '통합적 접근'이 필요합니다.

💬 갈등의 해결 키, 갈등의 원인 분석

갈등의 원인 중에는 종교나 정치적 신념과 같이 쉽게 변하기 어려운 요인도 존재합니다. 이처럼 윤리나 법적으로 문제가 되지 않는 신념이라면, 상대를 바꾸려 하기보다 그 차이를 인정하고 수용하는 태도를 선택하는 편이 현실적입니다. 상대의 신념을 인정하고, 이 상황에서 우리가 함께할 수 있는 방법을 찾는 것이 상대를 향한 존중일 수 있습니다.

갈등의 원인을 이해하면, 갈등의 상황에서 선택 가능한 대안이 무엇인지 판단할 수 있습니다. 우리는 흔히 갈등상황이 생기면 '최고의 선택'을 해야 한다고 생각하기 쉽습니다. 그러나 갈등해결에서 중요한 것은 완벽한 정답을 찾는 것이 아니라, 그 시점에서 가장 합리적인 '최선의 선택'을 하는 것입니다. 그 과정에서 나와 상대의 입장을 조율하며 조금씩 접점을 찾아가는 것이 지혜로운 갈등해결의 시작입니다.

4

관계에서 드러나는
나의 갈등 유형

김 대리는 요즘 퇴근 무렵 업무를 지시하는 박 과장의 요청을 선뜻 거절하지 못해 연이은 야근이 이어지고 있습니다. 과거 한 차례 용기를 내어 거절한 적이 있었으나, 다음 날 해당 업무에서 문제가 발생하면서 박 과장과 마찰을 겪었던 기억 때문입니다. 이후 김 대리는 불필요한 감정적 충돌을 피하고자 박 과장의 요청을 거절하지 못하는 심리적 패턴에 빠지게 되었습니다.

결국 김 대리는 자신의 업무를 후순위로 미루고, 박 과장의 요구를 우선시하게 되었습니다. 이러한 상황이 지속되면서 김 대리는 자신이 일방적으로 희생되고 있다는 피해의식에 빠지고, 무력감과 자존감 저하를 경험하고 있습니다.

김 대리의 마음속에는 '어차피 의견을 제시해도 상황은 변하지 않을 것'이라는 '학습된 무기력감'이 자리 잡고 있습니다. 대응해도 변화가 없을 거라는 생각이 강해질수록 의견을 표현하는 것이 에너지 낭비처럼 느껴지고 새로운 행동을 시도하기 어려워집니다.

이러한 갈등에서 벗어나려면 먼저 자신의 상황을 이해하고 반복되는 패턴을 인식하는 것이 중요합니다. 지난번과 이번 상황이 다르다는 사실을 인지하고, 내가 거절할 때 무엇을 두려워하는지 명확히 살펴봐야 합니다. 그 두려움이 확정된 현실이 아니라 스스로 만들어 낸 시나리오일 뿐임을 깨달을 때, 비로소 자기대처 능력을 키울 수 있습니다. 이를 위해 자신의 갈등패턴을 분석하고, 새로운 대처방법을 배우며, 실제로 적용해 나가는 과정이 필요합니다.

💬 갈등대처의 두 축 : 자기 주장성과 타인 수용성

한 설문조사에 따르면, 갈등해결 방법으로 '술자리에서 대화하기' '마찰이 생기지 않게 자리 피하기' '혼자 참고 삭히기' 등을 꼽았습니다. 그러나 이러한 방법들은 실제로 갈등을 해결하기보다는 문제를 회피하려는 태도에 가깝습니다.

갈등을 해결하기 위해서는 문제의 본질을 살피면서 어떤 대처행동이 도움이 될지 살펴보고 결정해야 합니다. 토마스와 킬만Thomas & Kilmann은 갈등대처 방식을 두 가지 축으로 설명합니다. 하나는 자기 주장성(자신의 목표, 성과, 이익 등)을 우선시하는 축이고, 다른 하나는 타인 수용성(상대의 목표, 성과, 이익 등)을 우선시하는 축입니다. 그리고 이 축의 중심이 어느 쪽에 있는지에 따라 갈등 유형은 다섯 가지로 구분됩니다.

> - **자기 주장성** : 자신의 목표와 이익을 우선시하는 정도
> - **타인 수용성** : 상대의 목표와 이익을 우선시하는 정도

💬 5가지 갈등 유형

경쟁형은 자신의 목표를 중요시하는 반면, 타인의 목표를 충분히 고려하지 않는 태도의 유형입니다.

기획팀의 박 대리는 타 부서와 협업할 때 자신의 주장을 강하게 내세우는 편입니다. 그는 회의에서 자신의 의견을 분명히 주장하며 빠르게 결정을 이끌어 성과를 내왔습니다. 초반에는 이러한 태도가 성과 창출에 도움이 되었지만, 시간이 지날수록 동료들은 박 대리와 함께 일하기를 꺼려했고, 그는 협업을 모르는 이기적인 사람으로 비쳐지기 시작했습니다. 박 대리는 개인 성과에만 몰입한 나머지 주변을 돌아보지 못한 겁니다.

박 대리의 갈등 유형은 '경쟁형'입니다. 이 유형은 '내가 옳다고 믿는 방향으로 문제를 해결해야 한다'는 신념이 강하며, 결론 중심의 소통을 선호합니다. 이들은 자신이 옳다고 생각하면 입장을 굽히지 않으며 회의 자리에서 주도권을 잡고 빠르게 결정을 내립니다. 이들은 주장을 굽히는 것을 자신이 진다고 생각합니다. 타인의 의견을 듣기보다는 결론 중심으로 이끌어 가며 갈등이 생기면 피하지 않고, 정면돌파를 합니다. "이건 이렇게 해야 합니다" "지금 결정하지 않으면 손해입니다" 등의 표현으로 상황을 통제하려는 특징도 있습니다.

경쟁형의 태도 앞에서 상대는 수용형이나 회피형의 반응을 보일 수 있습니다. 경쟁형의 방식은 자칫 상대를 무력감에 빠뜨릴 수 있습니다. 무력감을 느낀 동료들은 일의 의미를 상실하고 결국 경쟁형과 함께 일하는 것을 피하게 됩니다. 개인의 성과에만 집중한 선택이 오히려 관계의 신뢰를 약화시키는 결과로 이어질 수 있습니다.

수용형 : 상대의 목표가 중요한 유형

수용형은 자신의 목표와 욕구보다 상대의 목표를 더 중시하며, 관계를 중요하게 여기는 유형입니다.

학교 행정팀을 총괄하는 김 실장은 교감과의 미팅에서 학교 행사 예산을 대폭 줄이자는 방침을 전달받았습니다. 이에 실무 담당 교사는 "학생 중심 행사를 줄이는 것은 타당하지 않다"며 반발했지만, 김 실장은 갈등이 격화되는 것을 피하고자 "교감의 방침을 따르겠다"고 말하며 예산 조정을 수용했습니다.

김 실장도 아쉬움은 남았으나 상급자와 마찰을 빚기보다 표면적인 평화를 유지하는 것이 우선이라고 판단했고, 실무자들은 "실장님은 왜 아무 말도 하지 않았느냐"며 서운함을 토로했습니다.

김 실장의 갈등 유형은 '수용형'입니다. 수용형은 자신의 주장을 펼쳤을 때 주변 사람들이 불편해지는 것을 견디기 어려워합니다. 상대의 감정에 민감하고 분위기를 읽는 것에 익숙합니다. 그래서 "괜찮아요, 제가 할게요" "그 정도는 괜찮습니다" 등의 표현을 자주 사용합니다. 만일 자신의 주장을 펼쳤을 때 상대가 반대하면 바로 물러서며 '내가 양보하면 상황이 편해질 수 있어'라는 생각을 합니다. 이들은 주변에서 "착하다" "좋은 사람이다"는 말을 자주 듣는 편입니다.

수용형은 결정권이 타인에게 넘어가는 것을 자연스럽게 받아들이는 특징이 있습니다. 이들은 주변의 신뢰를 얻을 수는 있으나, 주도성 측면에서 약하다는 평가를 받습니다. 조직에서 타인의 업무를 도맡아 하면서 협업에서는 긍정적 측면으로 작용할 수 있지만, 정작 자신의 중요 성과를 놓치는 경우가 많습니다. 이로 인해 피로감, 억울함 등의 감정적 소진을 겪을 수 있습니다.

회피형 : 도망치는 것이 편한 유형

회피형은 나와 상대의 욕구, 목표를 모두 선택하지 않습니다.

인사팀 회의에서 '재택근무일수 조정'을 두고 팀 내 의견이 팽팽히 맞섰습니다. 김 팀장은 "근무효율이 떨어진다"며 축소를 주장했고, 팀원들은 "육아나 통근 부담을 고려하면 유지해야 한다"고 맞섰습니다. 회의 중 김 팀장이 박 과장의 견해를 묻자, 박 과장은 순간 머리가 하얘지며 "음… 아직은 잘 모르겠습니다. 다른 분들의 의견을 더 들어봐야 할 것 같습니다"라며 말끝을 흐렸습니다. 박 과장에게 갈등상황은 그저 도망치고 싶은 위협일 뿐입니다.

박 과장의 갈등 유형은 '회피형'입니다. 갈등 자체를 불편하고 위협적인 것으로 인식해 문제해결보다 상황을 회피하는 쪽을 선택합니다. 갈등으로 인해 나타나는 긴장된 분위기를 불편하게 여기기 때문에 그 자리에서 도망치고 싶은 생각뿐입니다. 현재 상황은 시간이 지나면 해결되어 있을 거라 기대하며 피할 수 있을 때까지 피하는 것을 선택합니다.

회피형은 거절이나 비판 등에 취약하며, 내면에 완벽주의적 경향이 있어 확신이 없다면 발언을 피하려고 합니다. 이들은 과거에 의견을 제시했으나 무시당한 경험이 쌓였을 가능성이 있으며, 이 경우 더 소극적인 태도로 굳어질 가능성이 큽니다. 또 감정표현이나 다툼 등을 조용히 넘기는 것을 선호합니다. 이들은 "글쎄요. 저는 잘 모르겠습니다" "다들 괜찮으시다면, 저는 뭐…" 등의 표현으로 책임을 회피하거나 말끝을 흐리는 방식으로 갈등을 피하려는 경향을 보입니다.

타협형 : 누구도 손해보지 않는 유형

타협형은 갈등상황에서 일부씩 양보하며 중간 지점을 찾는 유형입니다.

디자인팀의 이 과장은 마케팅팀과 함께 신제품 론칭 캠페인을 준비하고 있습니다. 마케팅팀은 "이번에는 자극적이고 트렌디한 콘셉트로 주목도를 높이자"고 주장했고, 디자인팀은 "그 방식은 우리 브랜드 이미지와 부합하지 않는다"며 반대했습니다. 며칠째 의견이 평행선을 달리자, 이 과장은 회의를 소집해, 주요 시안은 브랜드의 기존 스타일을 유지하되, 온라인 광고용 일부 이미지는 트렌디한 감각으로 새롭게 제작하는 방안을 제안하며 상황을 정리했습니다. 양측 모두가 만족하지는 못했으나, "이 정도면 수용 가능하다"라며 합의했습니다.

이 과장의 갈등 유형은 '타협형'입니다. 빠른 해결과 관계 유지를 추구하는 실용적인 갈등해결 스타일로, 모두가 만족하길 원하지만 대부분 양쪽 모두 완전히 만족하지 못한다는 특징이 있습니다.

타협형은 의견충돌 상황에서 서로 조금씩 양보하자는 제안을 통해 갈등상황에서의 중재자 역할을 합니다. 갈등에서 누가 이기고 지는 상황을 피하려 하며, '합리적인 절충'을 선호하는 특징이 있습니다. 이는 갈등 자체보다는 생산성과 관계 유지를 우선시하는 태도에서 비롯됩니다. "그럼 조금씩 양보하죠" "다음 회의까지는 일단 이렇게 가보는 게 어때요?" 등의 중재를 통해 서로 간의 입장에서 절충하고 타협을 보고자 합니다. 하지만 타협하는 것이 근본적인 문제를 깊이 다루지 못한다는 한계와 결단력이 부족하다는 모습으로 비춰질 수 있습니다.

협력형 : 새로운 방향성의 창출

협력형은 자신의 목표와 상대의 목표를 모두 중요하게 여기는 유형입니다.

마케팅 A팀과 B팀은 각각 신규 광고 캠페인과 브랜드 이미지 영상 제작을 준비하고 있었으나, 재무팀의 예산 부족으로 한 팀은 예산을 30% 감축하거나 일정을 연기해야 하는 상황에 놓였습니다. 이에 A팀은 빠른 시장 진입을, B팀은 브랜드 방향성 선달을 우선시하며 갈등이 심화되었습니다.

A팀의 박 팀장은 양 팀의 핵심요구를 명확히 정리한 뒤, 이번 분기에는 B팀이 브랜드 이미지 영상을 우선 완성하고 A팀은 이를 기반으로 온라인 광고를 집중적으로 집행하며, 신규 광고 콘텐츠 제작은 다음 분기 캠페인으로 이월하는 협력안을 제시했습니다. 재무팀 또한 예산 효율성의 관점에서 해당 방안을 승인했고, 두 팀은

경쟁 대신 협력을 선택함으로써 시너지를 창출할 수 있었습니다.

박 팀장의 갈등 유형은 '협력형'입니다. 갈등을 회피하지 않고, 서로의 목표를 충족시키는 유형입니다.

협력형은 갈등을 문제해결의 기회로 바라봅니다. 감정적으로 대응하는 것이 아니라, 사실과 데이터 중심으로 접근하고 상대방의 의견을 끝까지 경청하며 판단보다는 이해를 우선시합니다. 회의나 논의에서 서로의 입장을 이해하고 정리하여 해결의 방향을 제시합니다. 자신의 의견을 숨기지 않고 솔직하게 표현하여 서로 간의 공감을 끌어내며, 경쟁보다는 함께 가야 한다는 생각을 가지고 있습니다. "당신 말의 핵심은 이런 의미가 맞을까요? 또는 이런 의미로 이해해도 될까요?" "이 문제를 해결하기 위해 우리가 함께 고민해 볼 수 있는 것은 무엇이 있을까요?" 등의 질문형 표현을 자주 사용합니다.

갈등 유형	특징	중심 가치
경쟁형	내 주장을 강하게 관철함	목표 달성
수용형	상대의 의견을 전적으로 따름	관계 유지
회피형	갈등상황 자체를 피함	위협 회피
타협형	서로 조금씩 양보해 합의함	실용적 절충
협력형	양측의 목표를 모두 충족함	시너지 창출

💬 당신의 갈등 유형은 무엇인가?

　사람마다 회사와 가정 등 관계의 맥락에 따라 다소 다른 모습을 보이기도 하지만, 대체로 반복적으로 드러나는 갈등 유형이 있습니다. 자신의 갈등 유형을 이해하면, 갈등상황에서도 기존의 반응에서 벗어나 보다 효과적인 방식으로 문제를 풀어갈 수 있습니다.

　갈등은 다양한 이해관계가 얽히고 충돌하는 상황에서 발생합니다. 갈등을 해결한다는 것은 상대의 욕구를 이해하는 것뿐 아니라, 나의 욕구 역시 분명하게 인식하는 일입니다. 관계를 해치지 않으면서 서로의 이해관계를 조율하려면, 감정에 휘둘리기보다 상황을 객관적으로 바라보는 태도와 균형 잡힌 판단력이 필요합니다.

　갈등을 긍정적으로 해결해 본 경험이 쌓일수록 갈등에 대한 두려움은 줄어듭니다. 그때 비로소 우리는 갈등을 피해야 할 문제로만 보지 않고, 관계를 유지하면서 서로의 입장을 조율해 가는 과정으로 바라볼 수 있게 됩니다.

5

갈등을 해결하는
5가지 대응 유형

　자신의 갈등 유형을 인지하지 못하면, 우리는 상황과 관계없이 매번 익숙한 관성대로만 반응하게 됩니다. 하지만 한 가지 방식만으로는 복잡한 갈등상황을 모두 해결하기 어렵습니다.

　갈등 유형을 이해하면 '지금 이 순간 어떤 방식이 가장 효과적인가'를 스스로 선택할 수 있고, 갈등이 발생했을 때 한 가지 방식에 얽매이지 않고 유연하게 대처할 수 있습니다. 갈등을 잘 해결하기 위해서는 한 가지 유형만 고집하는 것이 아니라, 상황에 맞는 방식을 적절한 순간에 활용해야 합니다.

신속한 결단이 필요할 때는 '경쟁형'

경쟁형은 신속하고 단호한 결정이 필요한 상황에 적합합니다. 특히 자신이 옳다고 확신하는 주요 사안을 긴급하게 결정해야 하거나, 구성원의 반대가 있더라도 반드시 추진해야 하는 일을 수행할 때 유용합니다. 이 유형은 강한 추진력과 결단력을 바탕으로 조직 내 중요한 사안을 빠르게 실행해야 하는 상황에서 큰 효과를 발휘합니다.

경쟁형을 과도하게 사용할 경우 자신의 입장만 강조되는 분위기가 형성되어 주변의 피드백이 줄어들 수 있습니다. 주변 사람들이 의견을 내기보다 지시에만 따르려 하면 성장의 기회가 사라지고, 조직은 '예스맨' 중심으로 굳어질 위험이 있습니다. 반대로 꼭 필요한 순간에도 경쟁형을 사용하지 못하면 의사결정이 지연되고 리더십의 영향력이 제한되어 우유부단하다는 인상을 줄 수 있습니다.

관계의 조화가 우선일 때는 '수용형'

수용형은 상대의 입장을 존중하고 관계를 유지하는 데 초점을 맞추는 방식입니다. 이슈가 나보다 상대에게 더 중요한 사안일 때, 또는 장기적인 관계를 위해 신뢰를 얻고자 할 때 적합합니다. 조직 내 조화와 안정성이 무엇보다 중요하거나, 상대가 스스로 느끼고 깨닫도록 일정 부분 양보할 필요가 있을 때 수용형의 접근이 효과적입니다.

수용형을 과도하게 사용할 경우 자신의 존재감이 약해지고 영향력이 제한될 수 있습니다. 또한 팀에 충분히 기여하지 못하는 사람으로 비쳐질 위험도 있습니다. 반대로 수용형을 적절히 활용하지 못하면 긍정적이고 지지하는 관계를 형성하기 어렵습니다. 상대의 사기를 떨어뜨리거나 상대의 관점을 고려하지 않는 고집스러운 사람으로 보일 수 있습니다.

사소한 문제는 '전략적 회피'

회피형은 갈등 자체보다 더 중요한 사안이 있을 때와 문제가 비교적 사소하거나 판단을 보류해야 하는 경우에 적합합니다. 추가적인 정보가 더 필요하거나, 제3자의 개입이 더 효과적이라고 판단될 때도 유용합니다. 즉, 즉각적인 대립보다는 상황을 관찰하고, 갈등을 전략적으로 피함으로써 더 나은 해결의 기회를 마련하는 접근법입니다. 필자는 이런 회피를 '전략적 회피'로 정의합니다.

회피형을 과도하게 사용할 경우 필요한 의견과 아이디어가 충분히 반영되지 못하고 의사결정이 지연될 수 있습니다. 태만하다는 인상을 주거나, 신뢰성과 영향력에 손상을 초래할 위험이 있습니다. 반대로 회피형을 전혀 활용하지 못하면 모든 이슈에 즉각 대응하려다 스트레스를 과도하게 받을 수 있습니다. 우선순위를 적절히 조정하지 못해 더 중요한 일에 에너지를 충분히 쓰지 못하고, 상대적으로 덜 중요한 문제에 시간과 에너지를 소모할 가능성이 커집니다.

현실적인 중간 지점을 찾을 때는 '타협형'

타협형은 양측이 완전히 설득되지 않을 때, 현실적인 중간 지점을 찾는 유형입니다. 중요한 사안에서 의견 차이가 크지만 논의가 더 이상 진전되지 않거나 서로 비슷한 권한과 영향력을 가진 당사자들이 상충하는 목표를 가지고 있을 때 적합합니다. 또한 복잡한 문제에 대해 잠정적인 해결책이 필요하거나 시간이 부족한 상황에서 현실적이고 신속한 결정을 내릴 때 유용합니다.

타협형을 과도하게 사용할 경우 큰 그림과 원칙, 장기적인 가치를 놓치기 쉽습니다. 타협은 본질적으로 양측이 조금씩 양보하면서 중간 지점을 찾는 방식이므로 이 과정이 반복되면 누구도 완전히 만족하지 못하는 결과가 쌓이게 됩니다. 반대로 타협형을 전혀 활용하지 않으면 사안마다 힘겨루기와 감정적 충돌이 반복되어 협상 자체가 어려워지고, 현실적으로 실행 가능한 합의점을 이끌어 내는 능력 자체가 약화될 수 있습니다.

시너지를 창출하려면 '협력형'

협력형은 상대와의 관계를 유지하면서도 핵심적인 문제를 함께 해결하고자 하는 유형입니다. 매우 중요한 사안에 대해 의사결정을 내릴 필요가 있을 때, 또는 장기적인 관계 유지를 위해 공감대를 형성해야 할 때 적합합니다. 특히 상대의 의견을 충분히 경청하고 이를 반영함으로써 양측 모두가 수용할 수 있는 방안을 도출할 때 효과적입니다.

협력형을 과도하게 사용할 경우 사소한 문제에도 지나치게 많은 시간이 소요되어 의사결정이 지연될 수 있습니다. 모든 이해관계를 충분히 반영하려는 과정에서 책임이 분산되고, 조율과 회의가 반복되면서 실무자의 업무 부담이 가중될 위험도 있습니다. 반대로 협력형을 활용하지 못하면 상호 이익을 창출할 수 있는 기회를 놓치게 됩니다. 서로의 핵심 욕구를 통합해 더 나은 해법을 찾지 못한 채, 한쪽의 양보나 힘의 대결로 결론이 나기 쉽습니다.

유형	언제 활용하면 좋은가	강점
경쟁형	신속한 결단이 필요할 때 긴급하고 중요한 사안일 때 반대가 있더라도 반드시 추진해야 할 때	빠른 실행력 결단력 리더십 발휘
수용형	관계의 조화가 우선일 때 상대에게 더 중요한 사안일 때 장기적 신뢰가 필요할 때	관계 유지 신뢰 형성 조직 안정성 강화

회피형 (전략적 회피)	사안이 비교적 사소할 때 정보가 더 필요할 때 우선순위가 낮을 때	감정적 충돌 최소화 상황 관찰 기회 확보 에너지 조절
타협형	현실적인 중간 지점이 필요할 때 시간이 부족할 때 권한이 비슷한 당사자 간 충돌 시	신속한 합의 실행 가능성 확보
협력형	매우 중요한 사안일 때 장기적 관계 유지가 필요할 때 양측 모두 수용할 수 있는 해법이 필요할 때	통합적 해결 상호 만족 시너지 창출

💬 함께 더 나은 방향으로 나아가기 위한 최선의 선택

우리는 저마다 갈등을 해결하는 방식이 있습니다. 그 방식은 갈등상황을 어떻게 인식하고 반응하는지를 보여주는 사고의 틀이자 행동의 습관입니다. 자신의 갈등 유형을 이해하는 일은 갈등을 보다 지혜롭게 해결할 수 있는 방법이 됩니다.

여기서 기억해야 할 점은 갈등 유형에 절대적인 정답이 없다는 사실입니다. 중요한 것은 상황에 따라 가장 적절한 대응방식을 선택하는 '유연함'입니다. 예컨대 전체적인 상황을 조망하고 있는 리더의 결정이 필요한 순간에는 팀원으로서 협력형이, 자신에게 결정 권한이 없거나 상황을 지켜봐야 할 때는 회피형이, 서로의 입장이 팽팽히 맞서 있을 때는 타협형이 더 효과적일 수 있습니다. 이처럼 상황에 따라 적절한 유형을 선택하는 것은 감정의 문제가 아닌 전략의 문제입니다.

갈등해결의 핵심은 '어떤 유형이 옳은가'가 아니라 '상황에 맞게 어떤 태도를 선택하는가'에 있습니다. 장기적인 관점에서 보면, 갈등을 유연하게 다루는 태도는 나와 타인 모두에게 긍정적 변화의 기회를 만들어 줍니다. 결국 갈등해결의 지혜는 '상대를 이기기 위한 기술'이 아니라 '함께 더 나은 방향을 찾아가는 선택'에 있습니다.

6

지혜로 풀어가는
갈등해결 모델 SPEC

'사공이 많으면 배가 산으로 간다'는 속담은 여러 사람이 각자의 주장만 내세우면 오히려 일이 제대로 진행되지 않음을 비유적으로 표현한 말입니다. 이 속담은 갈등의 상황에도 그대로 적용됩니다. 문제의 본질을 보지 못한 채 각자의 생각만 고집한다면, 갈등은 오히려 깊어지고 해결은 더욱 어려워집니나.

갈등을 해결하기 위해서는 먼저 문제를 명확히 정의하고, 그 이면에 담긴 메시지를 파악해야 합니다. 그렇지 않으면 갈등은 해소되지 않은 채 불만만 누적되고, 결국 상대에 대한 부정적 감정만 남게 됩니다.

브리지워터 어소시에이츠의 창립자 레이 달리오는 "진실이기를 바라는 것과 실제로 진실인 것을 혼동하는 사람은 현실에 대해 왜곡된 이미지를 만들어 내기 때문에 최선의 선택을 할 수 없다"고 말했습니다.[*] 마찬가지로 갈등상황에서 자신의 관점에 갇혀 객관적인 진실을 바라보지 못하고, 자신이 보는 시각이 곧 진실이라고 믿는 사람과는 갈등을 해결하기가 무척 어렵습니다.

갈등은 각자의 인식 차이에서 비롯되며, 이를 위해서는 감정적으로 반응하기보다 상황을 있는 그대로 바라보는 태도가 중요합니다. 갈등에 대처하기 위해서는 감정에 휘둘리지 않고, 불분명한 상태를 명확히 하며 문제의 본질을 분석하는 지혜가 필요합니다.

💬 지혜로 풀어가는 갈등해결 모델 SPEC

갈등은 단순한 '의견 충돌'이 아니라 사람·상황·감정이 복합적으로 얽혀 있는 문제입니다. 따라서 감정적 반응에 휘둘리기보다 체계적인 단계에 따라 접근하는 것이 필요합니다. 필자는 이러한 과정을 돕기 위해 'SPEC' 갈등해결 모델을 개발했으며, 강의와 코칭 현장에서 이를 적용해 효과를 검증하고 실질적인 변화를 이끌어 왔습니다.

---

[*] 제니퍼 골드먼 웨츨러, 《패턴 파괴》, 흐름출판, 2022

SPEC은 네 단계로 구성됩니다. 첫 번째는 Self-awareness, 즉 자기인식입니다. 갈등상황에서 가장 먼저 해야 할 일은 자신의 감정을 알아차리는 것입니다. 두 번째는 Problem definition, 문제의 정의와 명확화입니다. 감정이 아닌 사실을 중심으로 갈등의 본질을 파악하는 단계입니다. 세 번째는 Effective style, 효과적인 유형 적용입니다. 상대와 상황에 맞는 접근방식을 선택하는 과정입니다. 네 번째는 Communication, 어떻게 표현할 것인가입니다. 앞선 세 단계를 바탕으로 상대에게 가장 적절한 방식으로 전달하는 단계입니다.

이 네 단계를 차례로 밟아갈 때, 갈등은 더 이상 피해야 할 문제가 아니라 서로를 이해하고 해결로 나아가는 기회가 됩니다.

1단계) Self-awareness, 자기인식, 알아차림입니다

갈등해결의 첫 단계는 자신의 감정과 반응을 알아차리는 '자기인식'에서 시작됩니다. 갈등상황에서는 감정이 앞서기 쉽기 때문에 즉각적으로 반응하기보다 잠시 멈추고, 지금 내가 어떤 감정을 느끼고 있는지 인식하는 과정이 필요합니다. 한 발짝 물러서 상황을 바라볼 때 비로소 문제를 객관적으로 볼 수 있습니다.

자기인식의 핵심은 '누가 문제인가'를 따지기보다 '무엇이 문제인가'를 바라보는 관점에 있습니다. 내가 지금 어떤 감정 상태인지, 어떤 해석을 하고 있는지, 그리고 내 말이 상대에게 어떤 영향을 미칠지를 점검할 수 있을 때, 사람과 문제를 분리해 볼 수 있고 갈등의 본질도 보다 분명하게 드러납니다.

회의 도중 리더가 당신의 아이디어를 공개적으로 반박했을 때, 자신의 아이디어가 무시당했다는 생각에 즉시 해명하고 싶을 수 있습니다. 하지만 이 순간 잠시 멈추고 자신의 감정을 살펴봐야 합니다.
'지금 리더가 나를 무시하는 걸까? 아니면 제안의 실현 가능성을 점검하는 걸까?'

잠시 '멈춤' 버튼을 눌러 자기의 생각에 갇히지 않고, 상황을 객관적으로 인식하는 것이 자기인식이자 알아차림입니다.

2단계) Problem definition, 갈등의 문제·쟁점을 분명히 합니다

두 번째 단계는 갈등의 본질을 명확히 파악하는 문제 정의입니다. 표면적으로 드러난 문제보다 그 이면에 있는 욕구와 입장 차이를 살펴보는 것이 중요합니다. 감정에 휘둘리지 않고 '진짜 문제는 무엇인가'를 구체적으로 짚어낼 때, 비로소 해결해야 할 과제가 선명해집니다.

실제로 강의와 코칭 현장에서 보면, 갈등상황에서는 각자가 자신의 입장만을 고수하면서 문제를 다르게 정의하는 경우가 많습니다. 서로 다른 문제를 붙들고 각자의 해결책을 주장하게 되는 겁니다. 따라서 갈등해결의 출발점은 '우리가 지금 함께 해결해야 할 문제는 무엇인가'라는 공동의 쟁점을 먼저 확인하는 데 있습니다.

한 건설 현장에서 시공팀과 공무팀 사이에 언쟁이 발생했습니다. 시공팀은 "현장 공정이 늦어지는 건 서류 승인 절차가 너무 복잡하기 때문"이라며 불만을 제기했고, 공무팀은 "절차를 생략하면 나중에 하자나 비용 손실이 발생한다"며 반박했습니다. 표면적으로는 일정 지연이 문제처럼 보였지만, 실제 갈등의 원인은 '속도와 안전' '성과와 책임'이라는 우선순위의 차이에 있었습니다. 이 갈등을 해결하려면 단순히 일정을 조정하는 것을 넘어 '현장 공정의 속도와 효율성을 중시하는 시공팀과 절차 준수와 안전·책임을 중시하는 공무팀 간의 가치와 역할의 우선순위 차이에서 발생한 협업의 불일치'라고 문제를 정의하고 해결책을 찾아야 합니다.

표면적 이유가 아닌 핵심원인을 찾아 문제를 정의할 때, 진정한 해결의 방향을 찾을 수 있습니다.

3단계) Effective style, 효과적인 유형을 선택합니다

세 번째 단계는 시급성과 중요성, 그리고 서로의 목표와 욕구를 함께 점검하는 과정입니다. 지금 당장 해결이 필요한 사안인지, 시간이 지나면 자연히 조정될 일인지 판단해야 합니다. 또한 나의 목표(욕구)와 상대의 목표(욕구)를 동시에 살피며 어느 쪽이 더 우선되어야 하는지 확인하는 절차가 필요합니다.

영업팀의 신 과장과 관리팀의 황 과장의 사례에서 부서장은 두 사람에게 다음과 같은 질문을 던질 수 있습니다. "이번 건이 회사의 장기적인 신뢰에 어느 정도의 영향을 미칠까요?" "지금 당장 적정 수익률의 기준을 지키는 것이 왜 중요한가요?" 이 질문을 통해 각자가 가진 목표와 욕구를 함께 점검합니다. 신 과장은 신규 고객 창출과 매출 상승을 중요하게 여겼지만, 황 과장은 지속가능한 수익 구조와 조직의 신뢰 유지를 우선시했습니다. 이 과정에서 부서장은 현재 회사의 상황을 확인하여 제안할 수 있습니다.

이 갈등은 단순한 의견충돌이 아니라, 시급성과 중요성이 서로 다른 두 목표가 부딪힌 결과입니다. 따라서 무엇이 더 우선되어야 하는지 상황을 면밀히 분석하고 해결방향을 모색해야 합니다. 갈등을 다각도로 바라보며 그 본질을 이해하고, 어느 목표가 더 시급하고 중요한지 판단하는 과정이 필요합니다.

이후에는 경쟁형·수용형·회피형·타협형·협력형 가운데 상황의 맥락에 가장 적합한 방식을 선택해 실행해야 합니다. 중요한 것은 상대를 이기는 것이 아니라 문제를 해결하는 데 초점을 두는 일입니다.

4단계) Communication, 어떻게 표현할 것인가

다섯 가지 갈등 유형 가운데 하나를 선택했다면, 마지막 단계는 그에 맞는 표현방식도 함께 선택해야 합니다. 같은 입장이라도 어떻게 말하느냐에 따라 결과는 달라집니다.

경쟁형은 자신의 주장에 대한 논리와 근거를 분명히 제시하며 단호하게 표현합니다. 다만 상대를 이기려 하기보다 문제해결에 초점을 두는 태도가 중요합니다.

수용형은 관계를 우선하며 상대의 입장을 존중하는 방식으로 표현합니다.

전략적 회피는 망설임이나 소극성의 표현이 아니라, 감정이 격해진 상황을 잠시 환기하고 대응시점을 조절하는 방식입니다. '지금은 잠시 생각할 시간이 필요합니다'와 같이 의도적으로 거리를 두어 상황을 정리합니다.

타협형은 서로가 일정 부분씩 양보해 현실적인 합의점을 찾는 방식입니다. 모두가 완전히 만족하지는 못하더라도, 공정한 합의에 도달했다는 인식을 공유하는 것이 중요합니다.

협력형은 서로의 욕구를 충분히 탐색한 뒤, 모두가 수용할 수 있는 새로운 대안을 함께 만들어 가는 방식입니다. 이를 위해 질문으로 대화를 이어가며, 서로에 대한 이해를 깊게 하는 과정이 필요합니다.

갈등은 사람이 모이는 곳에서 크고 작게 반복되는 현상입니다. 대부분의 사람들은 익숙한 방식으로 갈등을 해결하려는 경향이 있습니다. 그러나 익숙한 방식이 항상 최선은 아닙니다. 같은 패턴이 반복될수록 갈등은 더 깊어지고, 관계는 조금씩 멀어지기 때문입니다.

SPEC은 이러한 반복의 고리를 끊기 위한 체계적인 갈등해결 모델입니다. 갈등상황에서 잠시 멈춰 서서 문제를 명확히 정의하고, 상황을 객관적으로 분석하며, 상대와 상황에 맞는 가장 적합한 대응방식을 선택하도록 돕습니다. 갈등해결의 핵심은 어느 한쪽의 승리가 아니라, 모두가 함께 나아가는 통합적 해결에 있습니다.

이 과정을 차례로 밟아갈 때, 갈등은 '관계의 위기'가 아니라 서로에 대한 이해와 신뢰를 쌓아가는 '성장의 기회'로 바뀝니다. 갈등을 피하지 않고 지혜롭게 마주할 때, 관계는 한층 더 단단해집니다.

PART 5

세대를 넘어 원 팀으로 일하는 법

세대를 넘어 함께 일하는 법

공중전화, 연탄, 흑백TV, 삐삐, CD플레이어, 만화방, MP3, 싸이월드, 디지털카메라, 스마트폰, 유튜브, 틱톡, …

여러분은 이 중에서 몇 가지를 직접 경험해 보았습니까?

세대에 따라 떠오르는 '대표 경험물건'은 저마다 다릅니다. 여기서 세대는 단순한 연령 구분이 아니라, 시대 경험이 만들어 낸 '인지적 틀'입니다. 연탄을 갈던 세대는 '함께 살아가는 공동체의 따뜻함'을 기억하고, 싸이월드에 일촌평을 남기던 세대는 '관계 속에서 나를 표현하는 즐거움'을 떠올립니다. 유튜브와 틱톡으로 세상을 배운 세대는 '즉각적인 반응과 피드백'에 익숙합니다.

이렇듯 각 세대는 자신이 살아온 시대의 경험을 언어로 삼아 세상을 이해하며, 그 차이가 세대차이의 시작점이 됩니다.

세대차이는 동일한 시기에 겪은 사회·문화·기술·경제 환경에서 누적된 경험의 결과이며, 이는 개인과 집단의 정체성과 가치관 형성의 기반이 됩니다. 다른 나라의 언어를 번역하듯 그 시대의 맥락을 헤아릴 때, 우리는 비로소 세대를 넘어 '원 팀'으로 일할 수 있습니다.

💬 세대차이를 이해하면 갈등은 줄어든다

'직장생활에서 세대차이를 경험한 적이 있느냐'는 설문에서 응답자의 71%가 "그렇다"고 답했습니다. 50대는 82%로 가장 높았고, 40대는 75%, 30대는 78%였으며, 20대는 61%로 상대적으로 낮았습니다. 다만 20대 응답자 중 33%는 "세대차이로 인해 업무에 부정적 영향을 미친다"고 응답했습니다.

서로 다른 세대는 각기 다른 소통방식과 업무 태도를 가지고 있으며, 이는 업무효율과 성과에도 직접적인 영향을 미칩니다. 이때 각 세대의 시대적 맥락과 경험 언어를 이해한다면 서로 간의 오해를 줄이고 조화로운 협업이 가능해집니다.

베이비붐 세대(1955~1964년 출생)

전쟁 이후 출산율이 급격히 증가한 시기에 태어난 이들은 '한

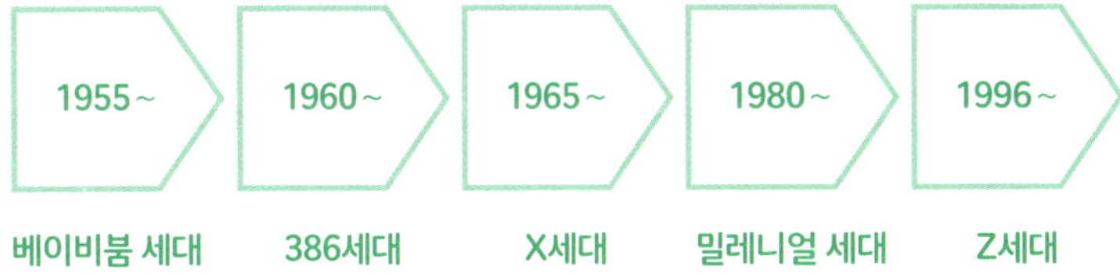

강의 기적'이라 불리는 고도 경제성장기를 거치며 가족 부양을 위한 근면과 절약의 가치관을 형성했습니다.

무인 공중전화가 1962년 보급되었으며, 흑백TV, LP판, 연탄 사용은 이 세대의 일상적 풍경이었습니다. 이는 디지털 세대의 속도와 즉시성과 뚜렷한 대비를 이룹니다.

상명하복 중심의 조직문화 속에서 일해 왔기 때문에 조직 충성도와 관계의 안정을 중시하며, 자신의 감정표현을 절제하는 데 익숙합니다. 이들은 지시·보고형 커뮤니케이션을 선호하며, 공식적이고 격식을 차리는 대화를 선호합니다. 이들과의 소통에서는 그들의 경험과 축적된 지혜를 인정하고 경청하는 태도가 중요합니다

386세대(1960~1969년 출생)

1960년대에 태어나, 1980년대에 대학을 다니고, 1990년대에 30대를 보낸 세대로, '386 컴퓨터'에서 명칭이 유래했습니다. 이들은 민주화 운동과 정치·사회적 이슈에 적극적으로 참여했으

며, 집단 연대의식이 강하고 토론과 비판적 사고에 익숙합니다.

386 컴퓨터의 보급과 삐삐, 카세트테이프, 1988년 서울 올림픽, 대학가요제, 동아리 문화, 만화방 등을 통해 오프라인 연대와 초기 디지털 네트워크를 체험한 세대입니다. 또한 1989년 해외여행 완전자유화가 시작되면서 소비와 문화 취향이 확장된 시기입니다.

이들은 조직에 대한 높은 신뢰와 업무에 투입한 시간과 노력을 중시하는 경향이 있습니다. 공식적이고 진정성 있는 소통을 선호하고, 조직의 비전과 가치를 공유하며, 신뢰를 바탕으로 접근하는 소통방식을 중시합니다.

X세대(1965~1979년생)

민주화 바람과 대중문화의 확산, 경제호황기에 사회생활을 시작하며 소비 트렌드를 이끌었던 세대지만, IMF 외환위기의 경제 충격을 경험한 세대입니다. 이로 인해 자율과 효율, 전문성과 실용을 중시하며 '성과로 말한다'는 가치관을 지니고 있습니다. CD플레이어, 비디오테이프, PC통신 등 아날로그와 디지털을 동시에 경험한 과도기적 세대이기도 합니다.

워라밸work-life balance의 개념이 확산되던 시기를 지나며, 일과 삶의 균형을 중시하고 생산적 활동에 집중하는 개인주의적 성향을 보입니다. 명확하고 간결한 의사전달, 실용적인 대화방식을 선호합니다.

M, 밀레니얼 세대(1980~1995년생)

대학 진학률이 높고, 인터넷과 모바일 기술이 본격 도입된 시기에 학업과 취업을 경험한 세대입니다. 디지털 환경에 익숙하며, 워라밸과 공정성, 개인의 성장과 일의 의미를 중시합니다. 저성장 국면 속에서 경제적 압박을 경험해 연애·결혼·출산을 포기하는 이른바 '3포 세대'로 불리기도 했으며, 안정성과 예측 가능성을 갖춘 안정적인 직업을 선호하는 경향을 보입니다.

인터넷 보급과 스마트폰, 싸이월드, 아이러브스쿨, MSN 메신저, MP3, 디지털카메라 등으로 관계 맺기와 자기표현의 방식을 바꾸었습니다.

글로벌화와 취업난을 동시에 겪으며 일은 개인의 성장과 연결되어야 한다는 내적 동기가 큽니다. 협업과 피드백을 선호하고, 목표의 맥락과 이유를 이해할수록 업무 몰입도가 높아지는 소통 특성을 지니고 있습니다.

Z세대(1996~2010년생)

스마트폰이 본격 보급되던 시기에 10대를 보낸 디지털 네이티브 세대로, 온라인 중심의 소통과 콘텐츠 소비에 능숙합니다. 가치관과 개성을 중시하는 합리적 소비성향을 보이며, 개인주

의적 경향과 함께 사회 이슈에 대해서도 적극적으로 의견을 개
진합니다. 짧고 즉각적인 형식의 콘텐츠에 익숙하고, 진로와 직
업을 선택할 때는 안정성보다 자신의 흥미와 가치를 우선시하
는 경향이 있습니다.

유튜브·인스타그램·틱톡 등 디지털 플랫폼의 즉시성과 참
여, 자기표현에 익숙합니다. 다양성과 포용성에 대한 감수성이
높으며, 상호존중이 전제되지 않으면 동기부여가 급격히 떨어
집니다.

짧은 주기의 구체적 피드백과 명확한 정보·기준을 제시하는
것을 선호합니다. 조직 내에서 상명하복과 불투명한 의사결정
은 신뢰의 하락으로 이어질 수 있으며, 기대했던 피드백이 지연
될 경우 불안이나 회피로 전환될 수 있습니다.

세대 구분	출생 연도	주요 키워드	소통 및 업무 특징
베이비붐 세대	1955~1964	한강의 기적, 근면, 절약	조직 충성도, 상명하복, 격식 중시
386세대	1960~1969	민주화, 집단 연대, 386 컴퓨터	토론과 비판, 투입시간 중시, 비전 공유
X세대	1965~1979	개인주의, 워라밸, 실용성	자율과 효율, 간결한 의사소통
밀레니얼 (Y세대)	1980~1995	디지털 네이티브, 공정, 성장	일의 의미와 맥락 중시, 협업과 피드백
Z세대	1996~2010	모바일 네이티브, 다양성, 즉시성	수평적 존중, 명확한 기준, 즉각적 피드백

세대 간 갈등은 어제오늘의 문제가 아닙니다. 고대 수메르 시대의 점토 문자에서도 '요즘 젊은것들은 너무 버릇이 없다'라는 기록이 남아 있으며, 소크라테스도 "요즘 애들은 버릇이 없고, 부모와 스승에게 대들고 있다"고 한탄했다고 합니다. 우리나라에서도 1990년대 '버릇없는 아이들'을 다룬 뉴스가 보도된 바 있습니다. 즉, 세대 간 갈등과 불화는 어느 나라, 어느 시대에도 존재했던 반복되는 보편적 사회현상입니다.

중요한 것은 세대차이를 없애는 것이 아니라, 서로가 살아온 시대적 맥락을 깊이 이해하려는 태도입니다. 각 세대의 맥락을 이해하고 서로의 경험 언어를 번역하듯 헤아릴 때, 세대차이는 갈등이 아니라 협업의 시너지가 됩니다. 한 세대를 이해하는 순간, 우리는 세대를 넘어 하나의 팀으로 일할 수 있습니다.

2

코로나 팬데믹을 보낸 Z세대의 이해

신입사원 강의 중 한 교육생이 자신은 "캠퍼스 생활을 제대로 즐기지 못한 채 졸업했다"며 아쉬움을 털어놓았습니다. 20대의 첫 시작이 코로나 펜데믹 시기와 겹쳤던 세대인 겁니다.

일상으로 돌아온 지금 돌이켜보면, 코로나19 시기에는 대면 만남과 각종 행사 등에 많은 제약이 있었습니다. 마스크를 사기 위해 줄을 서야 했고, 식당과 카페 등 다중이용시설에 출입할 때마다 접종증명서나 음성확인서를 제시해야 했습니다.

교육 현장도 예외는 아니었습니다. 오리엔테이션과 다수의 수업은 온라인 수업으로 대체되었고, 초·중·고에서는 교육부 지침에 따라 원격수업과 담임·교과 교사의 실시간 쌍방향 수업이 병행되었습니다. 이 과정에서 입학식, 수학여행, 동아리 활동

같은 소중한 대면 활동들이 축소되거나 사라졌습니다. 대학 역시 온라인 강좌가 크게 늘었고, 대면 수업은 제한적이었습니다. 결과적으로 많은 학생이 대면 수업보다 온라인 환경에 더 익숙해졌고, 이 시기에 형성되어야 할 중요한 대인관계의 경험을 놓쳤다고 느끼는 이들도 적지 않습니다. 이 세대가 바로 1996~2010년 사이에 태어난 Z세대입니다.

💬 Z세대만의 독특한 문화를 형성하는 6가지 키워드

Z세대는 태어날 때부터 디지털 환경에 익숙한 '디지털 네이티브' 세대로, 코로나 팬데믹이라는 시기를 경험하며 불확실한 현실 속에서 자신만의 독특한 소통방식, 식생활, 정신건강 관리, 그리고 사회 참여 방식 전반에 걸쳐 독특한 문화를 형성해 왔습니다.

전통적인 규범에서 벗어나 개인의 자율성과 취향을 중심으로 새로운 트렌드를 만들어 가는 Z세대는 다음과 같은 특징을 보입니다.

첫째, 언택트 시대의 대화방식, '젠지 스테어'

비대면 환경에서 사회적 소통을 학습한 Z세대의 독특한 모습

중 하나가 바로 '젠지 스테어GenZ Stare'입니다. 이는 대화 중 상대의 눈을 정면으로 바라보지 않거나, 이해 여부를 알 수 없는 뜻 무표정한 얼굴로 상대를 응시하는 모습을 의미합니다.

이러한 현상은 팬데믹 시기, 비대면 환경의 대화 속도와 비언어적 단절에서 비롯되었다고 볼 수 있습니다. 모니터와 카메라, 글자, 음성 등으로 이루어진 대화는 자연스러운 표정과 제스처의 흐름이 제한되어 '속도의 차이'가 생기는데, 그 결과 언어의 속도가 그에 맞춰졌다는 겁니다. 더욱이 팬데믹 시기 마스크 착용이 일상화되면서 표정을 읽기 어려운 상황이 지속되었고, 상대의 말을 해석하기 위해 잠시 멈추어 바라보는 '젠지 스테어'의 시간이 생긴 겁니다.

둘째, 빠르고 효율적인 점심 문화, '스내킹'

스내킹Snacking은 '스낵Snack'과 접미사 '-ing'가 결합된 표현으로, 식사를 간단하고 빠르게 해결하려는 식문화 트렌드를 뜻합니다. Z세대는 점심시간에 샐러드·단백질쉐이크·샌드위치 등으로 간단히 식사를 해결하고, 남은 시간은 운동이나 자기계발 등 자신만을 위해 효율적으로 활용합니다. 과거에 점심시간이 동료와의 소통을 위한 시간이었다면, 이제는 개인의 루틴을 지키고 에너지를 충전하는 시간으로 인식이 변화한 겁니다.

셋째, '갓생'을 넘어 마음을 돌보는 '셀프케어'

'갓생'은 'God'과 '생生'을 합친 신조어로, 한때 부지런하고 계획적으로 사는 삶을 이상적인 삶으로 여겼습니다. 하루를 더 의미있게 보내기 위해 시간을 계획적으로 보내고, 자기관리를 하는 문화였습니다. 그러나 이러한 완벽주의적 자기관리가 오히려 번아웃으로 이어지면서 Z세대는 '열심히'보다 '무너지지 않는 나'를 만드는 셀프케어Self-care에 더 큰 가치를 둡니다.

이들은 심리상담이나 멘탈케어를 받고, '정신건강 플래너' '감정일기' '명상 어플' 등을 활용해 자신의 감정을 인식하고 관리하며 불확실한 세상에서 회복력을 키우는 방법을 스스로 배우고 있습니다.

넷째, '공정성'과 '선한 영향력'을 중시하는 소비

공정성과 선한 영향력을 잘 보여주는 대표적인 표현이 '돈쭐(돈으로 혼쭐을 낸다)'입니다. 좋은 일을 한 기업과 가게에 찾아가 제품을 구매함으로써 그들의 선행을 '소비로 보상'하는 행동을 의미합니다.

어려운 이웃에게 음식을 나눈 가게의 소식이 전해지면, Z세대는 그 가게를 직접 찾아가거나 배달 주문을 통해 매출을 높여주고자 합니다. 이는 단순한 소비가 아니라, 자신의 선한 영향력을 펼치고자 하는 가치와 신념의 표현입니다.

다섯째, 나와 비슷한 사람들과의 '취향공동체'

Z세대는 혈연·학연·회사와 같은 전통적 소속보다 취향과 가치관이 비슷한 사람들과의 연결을 중시합니다. 영화·요리·독서·운동 등 취미활동과 자기계발 등의 모임에 적극 참여하며, 그 안에서 자신의 정체성을 찾아갑니다. 이러한 '취향공동체'는 단순한 취미 모임을 넘어, 소속감과 자아탐색의 공간이 되었습니다.

여섯째, 일상의 기록으로 진정성을 공유하는 '스토리'

Z세대는 인스타그램·틱톡 등 SNS를 통해 자신의 하루와 감정을 스토리 형태로 기록하고 공유합니다. 이는 단순한 일상 기록이 아니라, '나는 이렇게 살아가고 있다'는 존재의 표현방식입니다. 감정과 생각을 솔직하게 드러내는 투명한 공유가 Z세대에게는 '진정성'의 또 다른 언어인 셈입니다.

Z세대는 디지털 환경과 사회적 불확실성에 대응하며 개인 중심의 효율성, 정신건강, 그리고 사회적 가치를 최우선으로 두는 새로운 문화를 만들어 가고 있습니다. 이들의 문화는 유연한 소통, 취향 기반의 연결, 그리고 신념이 투영된 소비를 통해 앞으로도 사회 전반에 걸쳐 강력한 영향력을 발휘할 것입니다. 이들의 문화를 이해하는 것은 세대 간의 간극을 줄이고 함께 성장하는 조직을 만드는 소중한 출발점이 됩니다.

3

MZ세대가
기성세대와 소통하는 법

한 설문조사에 따르면 X세대, M(Y)세대, Z세대별로 일상 대화에서 선호하는 소통 매체에 뚜렷한 차이가 나타납니다. MZ세대는 '문자나 메시지'를, X세대는 '전화 통화'를 선호하는 비율이 높았습니다.* 특히 Z세대가 문자나 메시지를 선호하는 이유는 '할 말이 끊겼을 때의 침묵이 불편하나' '상내의 말에 즉시 답해야 한다' '통화 중에는 멀티태스킹이 어렵다'는 점을 꼽았습니다.

상사에게 반대 의견을 전해야 하는 상황에서도 세대차이가 관찰되었습니다. X세대는 '기분 나쁘지 않게 돌려 말한다'(31.3%)와 같이 비교적 능동적으로 대응한 반면, Z세대는 '내

---

*   이투데이 https://www.etoday.co.kr/news/view/1965781

의견이 필요할 때까지 지켜본다'(30.7%), '상대의 의견을 따른다'(24.3%)처럼 상대적으로 수동적인 태도를 보였습니다.

이처럼 세대별로 소통방식에 있어 차이를 보이는 만큼, 각 세대를 이해하고 어떻게 소통하면 좋을지에 대한 고민이 필요합니다.

💬 추상적인 지시가 오해의 벽을 만든다

김 사원은 요즘 박 과장과 소통할 때마다 벽에 부딪히는 기분입니다. 지난주 박 과장은 김 사원에게 "이번 신규 프로젝트 기획안 초안을 시장 상황에 맞게 구성해서 다음 주까지 보고해 주세요"라고 지시했습니다.

김 사원은 마음속으로 '시장 상황? 대체 뭘 어디부터 시작하라는 걸까?' 업무가 처음인 김 사원에게 과장님의 지시는 너무 추상적이었습니다. 구체적인 목차나 참고자료Reference도 전혀 없는 상태에서 막연한 요구처럼 느껴졌습니다.

결국 김 사원은 조심스럽게 "과장님, 제가 이 업무가 처음이라 혹시 구체적인 방향이나 초안 구성에 대한 가이드라인을 조금 더 설명해 주실 수 있으실까요?"라고 질문했지만, 박 과장은 "너무 부담 갖지 마요. 우선 김 사원 생각을 반영해서 초안을 만들어 오면, 그

때 같이 디벨롭^{Develop}해 봅시다"라고 답했습니다.

이 말을 듣는 순간, '사원의 의미를 모르는 건가?' 하는 답답한 생각이 목 끝까지 차올랐습니다. 박 과장 역시 김 사원의 질문에 당황스럽긴 마찬가지였습니다. '요즘 친구들은 스스로 하려는 주도성이 떨어지네'라는 생각이 스쳤기 때문입니다.

이 상황에서 소통의 문제는 과연 누구에게 있었을까요? 박 과장은 과거의 선배들에게 업무를 지시받을 때, 스스로 고민하고 과정을 만들어 가는 것이 성장의 길이라고 배웠습니다. 반면, 김 사원은 업무를 지시받을 때 명확한 가이드라인을 주는 것이 효율적인 지시라고 생각합니다. 이는 단순한 소통방식의 차이가 아니라, 일을 바라보는 관점과 성장방식에 대한 인식 차이에서 비롯된 갈등입니다. 세대의 흐름에 따라 일하는 방식과 소통방식이 달라진 만큼 서로를 이해하는 소통 전략이 필요합니다.

💬 기성세대와 소통하는 법

MZ세대가 기성세대와 소통할 때는 몇 가지 관점을 염두에 둘 필요가 있습니다. 세대차이는 단순한 나이의 문제가 아니라, 서로 다른 시대 경험과 소통방식의 차이에서 비롯됩니다.

첫째, 자신이 아는 것과 모르는 것을 구분해야 합니다

박 과장은 팀원이 자신의 업무를 주도적으로 하기를 원하고 있습니다. 이를 충족하기 위해서는 자신이 아는 것과 모르는 것을 명확하게 구분해서 소통해야 합니다.

"과장님, 이번 프로젝트 기획안은 시장 상황을 반영해야 한다고 하셔서, 최근 업계 동향을 조사하고, 경쟁사 사례를 비교하는 쪽으로 방향을 잡아봤습니다. 다만, 기획안의 방향이 '시장분석'에 더 가까운지, 아니면 '아이디어 제안'에 초점이 있는지가 헷갈려서 여쭙고 싶습니다."

김 사원이 박 과장에게 자신이 아는 것과 모르는 것을 구분해 질문했다면 박 과장은 김 사원이 자신의 업무에 대한 책임감과 주도성을 가졌다고 생각했을 겁니다. 기성세대는 업무를 처리할 때 '스스로 고민하며 배워야 성장한다'는 신념을 가지고 있습니다. 박 과장 입장에서는 업무를 시작하기 전에 처음부터 A부터 Z까지 상세하게 알려주기보다 일단 스스로가 먼저 시도하고, 그 과정에서 배우게 하는 것이 더 중요하다고 생각하는 겁니다.

둘째, 기성세대는 '대면 중심 소통'에 익숙합니다

기성세대는 일을 할 때 얼굴을 마주하고 대화하며 신뢰를 형성했습니다. 반면, Z세대는 태어날 때부터 디지털 환경 속에서 성장했습니다. 텍스트, 이모지, 짧은 영상으로 감정과 정보를 주고받는 데 익숙하며, 일하는 방식에서도 메신저와 문자 등을 선호합니다.

이 차이는 이른바 '콜 포비아Call Phobia', 즉 전화 공포증 현상으로도 나타납니다. 이는 디지털 환경에 익숙한 Z세대에게 두드러지게 나타나는 현상으로, 즉각적인 대답에 대한 부담감, 자신의 의사를 제대로 전달하지 못할 것이라는 걱정 등으로 인해 비대면 소통을 더 선호하는 경향성을 보입니다. 실제로 한 조사에 따르면, 18~34세 응답자의 25%는 전화가 와도 받지 않는다고 답했습니다.

그러나 조직 내에서 대면소통은 피할 수 없는 과정입니다. 특히 기성세대는 대면회의나 공식적인 문서소통을 선호합니다. 만약 통화나 대면에 대한 걱정과 두려움이 있다면, 자신의 의견을 미리 텍스트로 정리하여 연습한 뒤 전달하는 것이 도움이 됩니다. 또한 말하는 것보다 경청을 통해 신뢰를 쌓는 방법도 있습니다. 불안과 걱정이 많은 사람은 다른 사람의 이야기를 들으며 '어떤 말을 해야 하지?' 등의 생각이 머리에 맴돌 수 있습니다. 그러나 이런 생각은 내려놓고 상대의 이야기에 집중하는 것이 좋습니다.

셋째, 고맥락 소통과 저맥락 소통의 차이를 인식합니다

문화인류학자 에드워드 T. 홀Edward T. Hall은 소통방식을 '맥락의 정도'에 따라 '고맥락'과 '저맥락'으로 구분합니다. 고맥락 문화는 한국·중국·일본 등 동아시아처럼 농경을 기반으로 집단 중심 문화가 발달한 사회에서 주로 나타납니다. 이러한 문화에서는 직접적인 표현보다 암시적·간접적·모호한 소통방식이 자연스럽게 사용됩니다. 반면, 호주·미국·캐나다처럼 유목과 이민의 영향으로 개인주의가 강한 사회에서는 저맥락 소통이 주로 나타납니다. 이들은 상대가 맥락을 추론할 것이라고 기대하지 않기 때문에 직접적이고 명확한 표현을 중요하게 여깁니다.

기성세대의 경우 '고맥락 대화' 방식에 익숙해 간접적이고 완곡한 표현을 선호하며, 관계 중심의 소통을 중요하게 여깁니다. 예의와 배려를 강조하고 상대의 마음을 헤아리는 방식이 특징입니다. 반면, MZ세대는 '저맥락 대화'의 경향성을 보이며 명확하고 솔직한 표현을 선호합니다. 소통에서는 효율성과 투명성, 공정성을 특히 중시하는 특징이 있습니다.

가령, 회식 참석을 거절하는 상황에서도 이러한 차이는 분명하게 드러납니다. 고맥락 표현에서는 "오늘은 일찍 들어가야 할 거 같습니다"와 같이 간접적으로 여지를 남기며 말하는 반면, 저맥락 표현에서는 "오늘 참석이 어렵습니다. 다음에 참여하겠습니다"처럼 명확하고 단호하게 의사를 전달하는 경향이 있습니다.

저맥락 표현은 사실 전달이 분명하지만, 기성세대에게는 예의나 배려가 부족하게 느껴질 수 있습니다. 상황에 따라 완곡한 표현을 섞어주는 유연함이 필요합니다.

넷째, 비언어적 메시지를 의식적으로 활용합니다

소통을 할 때는 언어적 요소만큼이나 비언어적 메시지도 중요합니다. 특히 Z세대는 기성세대와 일을 할 때 비언어적 메시지도 의식해야 합니다. 메라비언의 법칙에 따르면, 메시지 전달에서 청각적 요소가 38%, 표정과 같은 시각적 요소가 55%, 정작 언어적 내용은 7%만 차지한다고 합니다. 실제 업무상황에서는 언어적 메시지가 훨씬 더 중요하게 작용하지만, 비언어적 표현 역시 상대를 인식하는데 핵심요소임을 알려줍니다.

그런 점에서 Z세대의 절제된 리액션이나 무표정은 기성세대에게 무관심하거나 불성실한 태도로 해석될 수 있습니다. 이러한 인식 차이를 줄이기 위해서는 적절한 아이컨택, 고개 끄덕임, 핵심내용 메모와 같은 '경청 시그널'을 의노적으로 보여주는 것이 필요합니다.

💬 다름을 인정할 때 협력이 시작된다

세대 간의 소통은 어느 한쪽의 옳고 그름을 판단하는 문제가 아넙니다. 서로 다른 시대를 살아오며 형성된 가치관과 성격, 문화가 다르기 때문입니다. 오랜 시간 함께한 가족 간에도 의견 차이가 존재하듯이 조직에서 만난 세대 간에는 더 큰 차이가 느껴질 수밖에 없습니다. 중요한 것은 차이를 인정하고, 그 차이를 지혜롭게 조율하는 마음가짐입니다.

일을 함께하는 관계가 불편해지면 업무효율은 자연스럽게 떨어질 수밖에 없습니다. 업무과정에서 필요한 피드백도 원활히 이루어지지 않아 시간이 지날수록 일 자체가 더 어려워지는 악순환이 생깁니다. 이를 풀어가기 위해서는 누가 틀렸는지를 따지기보다 서로의 '다름'을 인정하는 태도가 먼저입니다. 그리고 상호존중의 언어를 사용함으로써 세대 간의 간극을 점차 좁혀 나가야 합니다.

기성세대가
Z세대와 소통하는 법

"우리 때와는 너무 달라요."

조직 현장에서 심심치 않게 듣게 되는 말입니다. 기성세대는 Z세대와 소통할 때 어딘가 모를 낯선 불편함과 간극을 느낍니다. '이런 것까지 일일이 설명해야 하나?' '스스로 주체적으로 움직이지 못하는 걸까?' '팀을 위해 헌신적으로 일해 줬으면 좋겠는데…'라는 생각이 듭니다. 이러한 물음표가 머릿속을 맴돌 때마다 마음속 갈등은 점점 커집니다.

하지만 과거와 달리 Z세대에게 직장은 더 이상 '평생직장', 즉 평생 몸담을 터전이 아닙니다. 그들에게 중요한 것은 충성과 헌신이 아니라, 자신의 커리어와 연결되는 성과와 성장이며, 납득할 수 있는 합리적인 업무 프로세스입니다. '시키면 당연히 해야 하는 일'이라고 여겼던 과거의 업무방식은 더 이상 통하지 않습니다. 대신 '이 업무를 내가 왜 해야 하며, 이를 통해 내가 얻는 것은 무엇이지?'라는 '의미'가 무엇보다 중요해졌습니다.

💬 VUCA 시대를 살아가는 Z세대

Z세대는 VUCA 시대의 대표적 세대라고 할 수 있습니다. VUCA는 V(Volatility 변동성), U(Uncertainty, 불확실성), C(Complexity, 복잡성), A(Ambiguity, 모호성)을 의미하는 용어로, 변화하는 현대사회의 불확실한 환경을 의미합니다. 기술 발전의 초가속화로 미래를 예측하는 것이 더 어려워졌으며, AI의 발달은 고용과 노동시장을 더욱 불확실하게 만들었습니다. 또한 과거에는 선망의 대상이었던 직업들이 이제는 사라질 위험에 놓이기도 합니다.

이러한 시대적 불안정성으로 인해 Z세대는 M세대(Y세대)와 비교했을 때 정서적 불안이 더 내재된 세대라고도 볼 수 있습니다. 생존과 직결된 환경 속에서 커리어를 설계해야 하는 세대이기 때문입니다.

Z세대와 소통에서 느껴지는 불편함을 '요즘 세대의 문제'로 해석하기보다 '일하는 방식과 관점의 차이'로 바라보고 해결하려는 인식의 전환이 필요합니다.

박 팀장은 김 사원에게 프로젝트의 수정사항을 전달했습니다. 혹시나 수정 요청 피드백으로 인해 김 사원이 상처받을까 봐 직접적인 표현을 피하고 우회적으로 말했습니다.

"김 사원, 이번 기획안은 전체적으로 내용이 좋은데, 예전에 작성했던 B안의 내용을 조금 더 반영하면 좋을 것 같아."

김 사원은 그 자리에서 "네. 알겠습니다"라고 답했지만, 자리로 돌아온 뒤에는 '그래서 구체적으로 무엇을 수정하라는 거지? B안은 지난번에 좋지 않다고 했는데, 지금은 다시 그 방향으로 하라는 뜻인가' 하고 혼란에 빠졌습니다.

반면, 박 팀장은 상대가 상처받지 않도록 부드럽게 전달했다고 판단하며 자신의 표현방식이 적절했다고 생각합니다.

Z세대는 피드백을 받을 때, 구체적으로 전달하고 솔직하게 말해주기를 원합니다. '눈치'로 행간을 읽는 것을 비효율적이라고 느끼고, 투명하고 명확한 가이드라인이 없는 '배려'는 오히려 그들에게 답답함을 줍니다. Z세대와의 소통을 위해서는 몇 가지 기억해야 할 점이 있습니다.

첫째, 수평적인 관계 및 존중의 대화입니다

일방적인 지시나 윗사람의 권위를 내세우는 방식은 통하지 않습니다. 수평적인 관계에서 서로의 의견을 존중하며 대화해야 합니다. 개인의 가치를 인정하고 단순히 '회사를 위한 희생'을 요구하기보다, 그들의 성장과 기여를 인정해 주는 피드백을 제공해야 합니다.

둘째, 자율성 부여와 빠른 피드백입니다

Z세대는 1년에 한 번 하는 연례적인 성과평가가 아닌, 업무 직후나 과정에서 빠르게 피드백을 주고받는 것을 선호합니다. 칭찬이든 개선사항이든 시의적절하게 전달될 때 이를 성장을 돕는 '코칭'으로 인식합니다. 또한 주도적인 업무환경을 위해 세세한 통제(마이크로 매니징) 대신, 목표와 기한만 명확히 제시하고 수행방식에 대해서는 자율권을 주는 것이 효과적입니다.

셋째, 커뮤니케이션 채널의 다양화, 즉 하이브리드 소통입니다

Z세대는 디지털 환경에 익숙한 세대입니다. 공식적인 메일이나 대면보고 외에도 메신저(카톡, 슬랙 등)나 협업 툴을 통한 빠르고 간결한 소통을 선호합니다. 긴 텍스트보다는 핵심만 담은 짧고 명료한 메시지나 시각자료를 활용하는 것이 좋습니다. 또한 불필요한 대면회의보다는 목표와 성과가 명확한 회의를 선호합

니다. 회의 전에는 미리 안건과 목표를 공유하여 시간을 효율적으로 사용합니다.

넷째, 일의 의미에 대해 명확함을 부여합니다

Z세대는 업무지시를 거부하는 것이 아니라 일의 의미와 목적을 알고 싶어 합니다. 이러한 모습이 '이걸요?' '왜요?' '저요?'로 대표되는 '요요 화법'으로 나타나기도 합니다. 업무를 지시할 때는 '이 일을 왜 해야 하는지(Why)' '이것이 조직의 어떤 목표에 기여하는지'에 대한 맥락을 함께 설명하는 것이 필요합니다.

다섯째, 업무의 권한과 책임의 범위를 명확히 제시해야 합니다

공정한 평가를 위한 업무분장, 보상, 평가기준 등 모든 조직 활동에서 투명하고 공정한 원칙을 지켜야 합니다. 불공정하다고 느끼는 순간 신뢰관계는 급격히 무너집니다. 만약 책임은 피하고 권한만 요구하는 태도를 보인다면, 감정적으로 내응하기보다 건설적인 대화를 통해 역할 범위를 다시 조정해야 합니다.

💬 지혜로운 선배의 역할

'세대 간 갈등이 업무에 미치는 영향'을 묻는 설문조사에 따르면

'부정적인 영향을 미친다'는 응답이 20대 32%, 30대 31%로 나타났습니다. 반면, 40대 18%, 50대 이상은 16%로 비교적 낮게 나타났습니다. 양측 모두 세대갈등으로 인한 업무의 부정적 영향을 인지하고 있지만, 실제로 그 영향을 더 크게 받는 쪽은 젊은 세대임을 확인할 수 있습니다. 특히 업무를 배워야 하는 입장에 있는 세대에게 기성세대와의 갈등은 성장을 가로막는 요인으로 작용할 수 있습니다.

'요즘 애들은 …'이라는 표현은 한 세대가 다음 세대와 교차할 때마다 어김없이 등장해 온 말입니다. 어쩌면 또 다른 미래 세대인 알파세대가 사회에 들어올 때, 지금의 Z세대가 알파세대를 보며 하게 될 표현일지도 모릅니다. 이런 관점에서 보면 지금의 기성세대 역시 과거 선배들에게 비슷한 말을 들었을 겁니다. 그리고 지금의 일을 할 수 있도록 든든한 버팀목이 되어주었던 것은 과거의 지혜로운 선배 덕분이었는지도 모릅니다. 물론 당시에 자신에게 그런 좋은 사수가 없었다면, 그때의 부정적인 경험을 지금의 후배 세대에게 '유산'으로 물려 주어서는 안 됩니다.

지금의 세대가 후배 세대에게 '지혜로운 선배'의 역할을 해주는 것은 일하는 방식을 맞추고 성과를 높이는 일 외에도, 또 다른 세대에게 귀한 가치와 선함의 고리를 선물하는 일일 겁니다. 이러한 선한 영향력이 조직 내에 계속 이어질 수 있도록 기성세대가 먼저 모범을 보여주는 것도 필요한 모습입니다.

PART 6

관계의
격을
높이는
성숙한
대화법

나의 마음을 효과적으로 전달하는
I-Message

의도와 다르게 전달되는 말들이 있습니다. 상처를 주고자 하는 마음은 아니었지만, 지금 내 안에서 터져 나오는 감정과 답답함을 어떻게든 전달하고 싶은 마음이 앞설 때가 그렇습니다. 그런데 감정이 격해지는 순간, 말의 주어가 '나'에서 '너'로 바뀌고, 이 한 끗의 차이가 대화를 '비난'으로 바꿔 버립니다.

"너는 왜 그래?" "너 때문에 이렇게 됐잖아"처럼 '너'로 시작하는 표현은 상대에게는 책임을 묻고 잘못을 따지는 '비난'처럼 들리기 쉽습니다. 그 사소한 차이가 대화를 설명에서 공격으로, 이해에서 방어로, 협력에서 갈등으로 바꿉니다. 그래서 동일한 상황에서도 어떤 말로 시작하느냐에 따라 말의 온도가 달라지곤 합니다.

김 매니저는 팀 내 자료를 수요일까지 취합해 달라고 요청했습니다. 하지만 박 매니저의 자료 제출이 늦어지면서 전체 보고 일정도 지연되었습니다. 이 때문에 김 매니저는 팀장에게 질책을 받았고, 화가 난 상태로 박 매니저에게 이렇게 말했습니다.

"박 매니저님이 매번 일정을 맞추지 못해서 팀 전체가 피해를 본다는 생각은 안 해보셨나요? 이번에도 그렇고 지난번에도 늦었잖아요. 다음에는 박 매니저님 때문에 팀에 피해가 생기지 않았으면 좋겠습니다."

김 매니저는 자신이 '틀린 말은 하지 않았다'고 생각했으나, 이후 관계가 불편해지면서 그때 다르게 표현할 방법은 없었을까 고민하고 있습니다.

박 매니저의 자료 제출 지연으로 업무에 차질이 생긴 것은 분명한 사실입니다. 이런 상황이 반복된다면, 김 매니저가 자신의 입장과 요청을 분명히 전달하는 것은 향후 업무를 원활하게 하기 위해 필요한 행동입니다. 다만 이때 '무엇을 말할 것인가'만큼 '어떻게 말할 것인가'도 매우 중요합니다.

박 매니저의 입장에서는 김 매니저의 말이 맞다고 해도, 자신이 비난받는다고 느끼는 순간 수용보다 방어적 태도를 취하게 됩니다. 그리고 방어는 다시 반박이나 변명, 침묵과 같은 방식으로 나타나고, 이는 또 다른 감정적 충돌을 낳습니다. 결국 두 사람 모두 상처 입고 불편한 감정과 관계만 남게 됩니다.

이런 상황에서는 내가 전하고자 하는 말의 '의도'를 분명히 하되, 상대를 공격하지 않는 방식으로 전달하는 '나 전달법'이 도움이 됩니다.

💬 '너' 중심이 아닌, '나' 중심의 대화법

'나 전달법I-Message'은 상대를 평가하거나 단정 짓지 않고, 내가 경험한 사실과 감정, 그리고 구체적인 요청을 중심으로 표현하는 솔직하고 명확한 소통법입니다. 반면 '너 전달법You-Message'은 문장의 주어가 '너'로 시작되기 때문에 상대의 잘못을 지적하거나 비난하는 말로 받아들여질 가능성이 큽니다. 이는 문제해결을 위한 질문이라기보다 책임 추궁처럼 들릴 수 있습니다.

I-Message는 '내가 지금 무엇을 느끼고, 무엇이 필요하다'를 분명히 전달하는 방법입니다. "자료가 예정시간보다 반나절 늦어지면서 전체 보고서 정리가 지연되었습니다. 그 과정에서 제가 일정 압박을 크게 느끼고 부담이 되었습니다. 다음부터는 약속한 시간까지 자료를 보내주시고, 혹시 늦어질 것 같으면 미리 알려주시면 좋겠습니다"라고 표현하는 방식입니다.

I-Message는 다음의 3단계로 표현합니다.

- **1단계) 행동** : 구체적인 행동을 말합니다.
- **2단계) 감정** : 그때 느낀 나의 감정을 표현합니다.
- **3단계) 바람·부탁** : 앞으로 상대가 해주었으면 하는 구체적인 요청을
  표현합니다.

이를 문장으로 연결하면 다음과 같습니다.

"(언제, 어디서, 무엇을 한 행동)을 보고 제가 (감정)을 느낍니다.
다음부터는 (바람·부탁, 구체적으로 요청) 부탁드립니다."

I-Message는 상대의 방어를 줄이고, 문제를 해결하는 방향으로 상황을 바꿔 줍니다. 몇 가지 상황을 통해 연습해 보겠습니다.

[회의 중 말을 끊는 동료에게]

- You-Message

  "왜 자꾸 제 말을 끊으세요? 정말 예의가 없네요."

- I-Message 3단계 적용

  "회의에서 제가 설명하는 중간에 제 말을 끊고 말씀하신 부분이 있었습니다.(행동) 제 의견이 충분히 전달되지 않은 것 같아 조금 당황스럽고 아쉬운 마음이 듭니다.(감정) 제 설명이 끝난 뒤에 의견을 주시면 더 원활한 회의가 될 것 같습니다.(바람·부탁)"

[후배가 반복적으로 동일한 업무 실수를 할 때]

- You-Message

  "이거 지난번에도 알려줬던 거잖아요? 왜 자꾸 똑같은 실수를 반복하는 거죠?"

- I-Message 3단계 적용

  "이번 보고서에서도 지난번과 같은 부분에서 오타가 발견되었어요.(행동) 저로서는 매번 동일한 피드백을 하는 게 미안하기도 하고, 업무효율이 떨어지는 것 같아 답답한 마음이 듭니다.(감정) 제출 전 한 번 더 확인할 수 있는 체크리스트를 만들어 활용했으면 합니다.(바람·부탁)"

💬 나를 지키면서 관계를 지키는 대화

1단계에서 I-Message로 전달할 때 중요한 것은 '판단'이 아닌 '관찰 가능한 사실'로 표현하는 겁니다. 2단계에서 감정의 단어는 짧고 명확하게 전달하고, 3단계의 바람·부탁은 상대가 즉시 실천할 수 있을 만큼 구체적이어야 합니다. I-Message는 감정을 숨기는 말이 아니라, 감정을 다듬어 전달함으로써 관계와 업무 효율을 동시에 살리는 대화방식입니다.

흔히 '말 한마디에 천 냥 빚을 갚는다'고 합니다. 매일 마주하는 관계에서 우리는 '무엇을 말하느냐'만큼 '어떻게 말하느냐'가 중요합니다. 특히 상대에게 요청을 하거나 불편한 상황을 전해야 할 때 감정을 다스리지 못하면 같은 내용도 상대에게는 비난으로 들리기 쉽습니다. 그러면 상대는 방어하게 되고, 대화는 해결이 아닌 감정싸움으로 흐르게 됩니다.

I-Message는 상황을 있는 그대로 말하고, 내 감정을 솔직하게 표현한 뒤, 앞으로 바라는 행동을 구체적으로 부탁하는 기술입니다. 이 방법을 사용하면 상대가 비난받는다는 오해가 사라져 방어적 태도가 아닌 건설적인 대화를 이끌 수 있습니다.

우리는 일과 삶에서 내 입장을 표현해야 하는 순간을 종종 마주하게 됩니다. 그럴 때 먼저 스스로에게 '지금 내가 진짜 원하는 것은 무엇인가?' '상대가 어떻게 해주길 원하는가?'를 질문해 볼 필요가 있습니다. 이 질문을 통해 의도를 정리한 뒤 말을 건네면, 관계는 조금씩 다른 방향으로 움직이기 시작합니다.

가끔은 '말하면 관계가 더 나빠질까 봐' 표현을 미루기도 합니다. 그러나 관계를 망치는 것은 대개 '표현 자체'가 아니라 '표현 방식' 때문입니다. 침묵이 길어질수록 오해는 커지고, 감정이 쌓이면 예상치 못한 순간에 터져 나오기 쉽습니다. 그래서 우리에게 필요한 것은 무조건 참는 태도가 아니라, 자신의 욕구를 분명히 인식하고 적절한 방식으로 전달하는 표현능력입니다.

2

관계를 평화롭게 하는
비폭력대화

"최근에 상처받은 말이 있었나요?"

우리는 내 마음을 솔직하게 전하면서도 상처를 주지 않고, 서로를 이해하고 공감하며 대화하고 싶어 하지만, 현실의 대화는 그렇지 않을 때가 많습니다. 특히 가까운 관계일수록 기대가 크기 때문에, 무심코 던진 한마디가 더 깊은 상처로 남기도 합니다. 그렇게 쌓인 상처가 관계의 거리를 조금씩 벌려 놓습니다.

비폭력대화를 창시한 마셜 B. 로젠버그Marshall B. Rosenberg는 인간의 마음속에는 '욕구needs'가 있고, 이 욕구는 개인을 넘어 보편적이라고 설명합니다. 나에게 '존중받고 싶은 욕구'가 있듯이 상대에게도 '존중의 욕구'가 있다는 겁니다. 우리의 마음은 이처럼 보편적인 욕구로 연결되어 있으며, 감정은 그 욕구가 충족되었는지 아닌지를 알려주는 신호 역할을 합니다. 욕구가 충족될 때 우리는 편안함과 안정감을 느끼고, 충족되지 않을 때는 서운함이나 분노 같은 감정이 나타납니다.

비폭력대화는 자신의 내면을 들여다보며 어떤 욕구가 있는지 알아차리고, 그에 따른 감정을 솔직하게 표현하며, 나아가 상대의 욕구까지 헤아리는 소통법입니다. 이는 구체적으로 '관찰-느낌-욕구-부탁'의 네 단계로 이루어집니다.

[솔직하게 말하는 비폭력대화 방식]

- 관찰 : 내가 ~을 보거나 ~을 들었을 때
- 느낌 : 나는 ~을 느꼈어.
- 욕구 : 왜냐하면 나는 ~이 필요하기(원하기) 때문이야.
- 부탁 : ~해 줄 수 있을까? / 내 말을 어떻게 생각해?

[공감하며 듣는 비폭력대화 방식]

- 관찰 : 당신의 ~하는 말과 행동을 보고 들었을 때
- 느낌 : 당신은 ~라고 느껴?
- 욕구 : 왜냐하면 당신은 ~이 필요하기(원하기) 때문에
- 부탁 : 당신은 내가 ~을 해주길 원하는 거야?

소통이 어려운 사람들은 종종 상대의 말을 있는 그대로 듣지 못하고, 상대의 말을 왜곡하거나 의미를 과도하게 확장해 해석해서 듣습니다. 또한 자신의 기준을 잣대로 삼아 평가하고 비교하고 판단하려는 경향이 나타납니다.

대화에서 오해를 줄이기 위한 비폭력 대화의 첫 번째 단계는 '관찰'입니다. 관찰은 판단과 평가의 언어를 멈추고, 상황을 있는 그대로 듣는 것을 의미합니다. 관찰이 명확해질수록 불필요한 추측은 줄어들고, 대화의 공격성도 자연스럽게 낮아집니다.

팀 회의에서 동료가 내 말을 끊고 자신의 의견을 말했을 때 우리는 흔히 '나를 무시하니까 내 말을 끊는 거야'라고 판단합니다. 하지만 이는 사실이 아니라 나의 '해석'일 뿐입니다. 비폭력 대화에서는 이 해석의 과정을 잠시 멈추고 상황을 있는 그대로 묘사합니다. '회의에서 제가 말하는 중간에 동료가 제 말을 끊고 의견을 말했을 때'로 상대의 의도를 단정하지 않고, 있는 그대로 보고 듣는 겁니다.

이러한 태도는 철학에서 말하는 '에포케', 즉 판단 중지의 정신이라고 할 수 있습니다. 에포케는 불확실성이 생길 때 판단을 잠시 중지·보류하는 태도입니다. 내 생각이 맞을 수도 있고 틀릴 수도 있다는 가능성을 열어두는 겁니다. 그런데 '상대가 나를 무시했다'라고 확정하는 순간, 대화는 '연결'이 아닌 '판결'로 흘러가기 쉽습니다. 즉, 누가 옳고 그름의 잣대가 들어가는 겁니다. 반대로 판단을 잠시 중지할 때, 비로소 우리는 자신의 마음을 더 정확히 표현할 수 있고, 상대도 자신의 의도를 설명할 기회를 얻게 됩니다.

우리가 무심코 사용하는 '평가'의 표현을 '관찰의 언어'로 표현하기 위해서는 확인 가능한 행동과 사실을 중심으로 표현하는 것이 좋습니다.

평가	박 주임은 무책임하다.
관찰	박 주임은 이번 주 월요일 마감이었던 보고서를 제출하지 않았고, 지연 사유를 공유하지 않았다.
평가	이 사원은 게으르다.
관찰	이 사원은 최근 2주 동안 오전 9시 회의에 4번이나 10분 이상 늦게 들어왔다.
평가	최 과장은 협조적이지 않다.
관찰	최 과장은 두 차례의 협업 요청 메일에 답장하지 않았고, 메신저로 2번이나 확인 요청을 했을 때도 일정 조율안을 제안하지 않았다.
평가	정 대리는 불성실하다.
관찰	정 대리는 회의 중 노트북 화면에 다른 업무 창을 띄운 채로 20분 이상 회의 내용을 듣지 않았다.
평가	오 팀장은 이기적이다.
관찰	오 팀장은 업무배분 회의에서 6개 업무 중 4개를 A에게 배정했고, 본인은 2개만 맡겠다고 말했다.

관찰을 표현할 때 우리는 평가의 말을 '관찰'이라고 착각하기도 합니다. 대표적으로 '매번, 항상, 늘, 또' 같은 단어가 그렇습니다. 이 말들은 관찰을 말하는 듯하지만 상대에게는 낙인이나 단정처럼 들릴 수 있습니다. "김 대리는 매번 지각해"라는 말이 흔한 평가의 표현입니다. 이보다는 "김 대리는 이번 주에 두 번 지각했어"라고 사실을 중심으로, 있는 그대로 말해야 합니다. 다만 관찰의 언어도 전달방식에 따라 취조처럼 느껴질 수 있습니다. 그래서 관찰에는 '무엇을 말하느냐'만큼 '어떤 태도로 말하느냐'가 중요합니다. 지금 내가 상대를 이해하려는 마음으로 묻는 건지, 책임을 추궁하려는 마음으로 묻는 건지 자신의 의도를 먼저 살피는 지혜가 필요합니다.

자신의 의도를 알아차리고 솔직하게 말하는 비폭력대화 방식으로 나의 경험을 말할 때는 '내가 ~을 보았을 때(들었을 때)'처럼 내가 확인한 사실을 주어로 두고 표현합니다. 상대의 말과 행동을 공감하며 들을 때는 '당신이 ~라고 말하는 것(행동하는 것)을 들었을 때(보았을 때)'처럼 표현합니다. 이런 방식은 상대를 평가하거나 단정하기보다 오해를 줄이고 대화의 공간을 열어줍니다.

느낌은 상대를 평가하는 말이 아니라, 내 안에서 일어난 정서를 있는 그대로 인식하고 표현하는 겁니다. 어떤 말을 들었을 때 자신의 감정을 알아차리고, 그 안에 담긴 욕구를 확인하면 감정에 휩쓸리지 않고 차분하게 마음을 표현할 수 있습니다. 이를 위해 먼저 해야 할 것은 '가짜 느낌'과 '느낌'을 구분하는 일입니다. 우리는 자신의 생각을 느낌으로 착각하는 데, 이를 '가짜 느낌'이라고 합니다. 가령 "무시당한 느낌이에요"라고 느낌으로 표현했다고 하지만, 이는 느낌이 아닌 상황에 대한 생각언어를 느낌으로 표현한 '가짜 느낌'입니다.

- (가짜 느낌) "당신이 나를 무시한다고 느껴요."
- (느낌 언어) "나는 슬퍼요."

특히 '~당했다'처럼 피동형으로 표현되는 단어(무시당했다, 공격받았다, 비난받았다, 조종당했다, 배신당했다, 이용당했다, 존중받지 못했다)는 실제 느낌이라기보다 상대의 행동을 해석하거나 평가하는 의미를 담은 '가짜 느낌'인 경우가 많습니다. 반면, '느낌'은 내 안에서 일어나는 정서상태(기쁘다, 무섭다, 짜증 난다, 속상하다, 불안하다)를 가리킵니다. '가짜 느낌'은 '생각'으로 분리하고, '느낌' 단어를 찾아 표현하는 연습이 필요합니다(부록의 감정단어 목록 확인).

[회의에서 제 말을 끊었을 때, 무시당한 느낌이에요]

- 생각 분리 : 제가 무시당했다고 생각했어요.
- 느낌 단어 : 속상했어요.
- 관찰과 느낌의 비폭력대화 방식 : 회의에서 제 말이 끝나기 전에 두 번 끊기는 걸 들었을 때, 속상했습니다.

[팀장님이 업무를 오늘까지 마무리하라고 했을 때, 저를 압박한다는 느낌이에요]

- 생각 분리 : 제가 압박을 받는다고 생각이 들었어요.
- 느낌 단어 : 긴장이 되고 부담이 되었습니다.
- 관찰과 느낌의 비폭력대화 방식 : 업무마감 시간을 오늘 안으로 지정하신다는 말을 들었을 때, 긴장되고 부남스러웠습니다.

비폭력대화 방식으로 나의 경험을 말할 때는 '나는 ~을 느꼈어'라고 표현하며, 상대의 말과 행동을 공감하며 들을 때는 '당신은 ~라고 느껴?'라고 표현합니다. 이렇게 생각과 느낌을 분리해 말하면, 상대를 비난하지 않으면서도 내 마음을 전달할 수 있습니다.

비폭력대화에서 욕구Needs는 내가 필요로 하거나 중요하게 여기는 가치를 의미합니다. 욕구가 충족될 때와 충족되지 않을 때, 우리의 감정은 다르게 표현됩니다. 욕구가 충족될 때는 편안함·기쁨·안도감 등이 생기며, 충족되지 않을 때는 서운함·답답함·불안·화 등의 감정이 생깁니다.

욕구의 또 다른 특징은 '보편성'입니다. 존중이라는 욕구로 살펴보면, 내가 존중받고 싶듯이 상대 또한 존중받고 싶은 욕구가 있습니다. 즉, 우리는 서로 다른 입장에 서 있더라도 '욕구'라는 공통분모로 연결되어 있습니다. 비폭력대화는 자신의 욕구만을 내세우는 게 아니라, 자신의 욕구를 표현하면서 상대의 욕구를 함께 이해하는 대화법입니다. 이 경우 대화의 중심은 '누가 옳고 그른' 판결이 아닌, '나 또는 상대에게 무엇이 중요했는지'를 표현하며 이해하는 데 두어야 합니다.

욕구를 표현할 때는 추상적인 단어로 말하지 않는 것이 중요합니다. 같은 욕구라도 사람마다 경험하는 방식이 다르기 때문에 "저는 존중이 필요합니다"라고 말하기보다 "제 의견을 끝까지 들어주었으면 좋겠습니다" "제 노력을 알아봐 주면 좋겠습니다"처럼 자신의 상황에 맞는 구체화된 언어로 전달하는 것이 좋습니다. 욕구를 나의 언어로 말하는 순간, 상대는 비난이 아니라 이해의 메시지로 듣기 시작합니다(부록의 욕구단어 목록 확인).

[마감업무가 공유 없이 지연될 때]
- 관찰 : 월요일 마감이었던 자료가 제출되지 않았고, 지연사유나 일정변경 안내가 없었습니다.
- 느낌 : 불안하고 초조했습니다.
- 욕구 : 예측 가능성, 명확성
- **관찰과 느낌, 욕구의 비폭력대화 방식** : 월요일 마감이었던 자료가 제출되지 않았고, 지연사유나 일정변경 안내도 없어서 불안하고 초조했습니다. 저는 예측 가능하게 일이 진행되고, 서로 기준과 일정이 명확히 공유되기를 원합니다.

[갑작스러운 일정 변경 통보를 받을 때]
- 관찰 : 오늘 오전에 '오늘 안에 보고서 최종본 제출'로 마감이 변경되었다는 메시지를 전달받았습니다.
- 느낌 : 긴장되고 부담됐습니다.
- 욕구 : 준비시간, 현실적인 조율, 안정감
- **관찰과 느낌, 욕구의 비폭력대화 방식** : 오늘 오전 '오늘 안에 보고서 최종본 제출'로 마감이 변경되었다는 메시지를 받았습니다. 갑작스러운 일정 변경으로 긴장되고 부담이 커졌습니다. 저는 준비할 시간과 현실적인 조율, 그리고 업무를 감당할 수 있

다는 안정감이 필요했습니다.

- **관찰** : 제가 "어떤 기준으로 수정하면 좋을까요?"라고 물었을 때 "그냥 알아서"라는 답을 들었습니다.
- **느낌** : 혼란스럽고 막막했습니다.
- **욕구** : 기준, 방향성, 명확한 기대치
- **관찰과 느낌, 욕구의 비폭력대화 방식** : 제가 "어떤 기준으로 수정하면 좋을까요?"라고 물었을 때 "그냥 알아서"라는 답을 들었습니다. 그래서 혼란스럽고 막막했습니다. 저는 수정 기준과 방향성, 그리고 무엇을 기대하는지에 대한 명확한 기대치가 필요합니다.

자신의 욕구를 인식하는 일은 나와 타인을 더 깊이 이해하는 데 도움이 됩니다. 동시에 모든 욕구가 완전히 충족되기 어렵다는 사실도 깨닫게 됩니다. 나에게 내 욕구가 중요하듯 상대에게도 자신의 욕구가 중요하기 때문입니다. 따라서 서로의 욕구를 바탕으로 진술하게 부탁을 건네고, 상대의 관점을 이해하며 접점을 찾아가는 과정이 필요합니다.

💬 부탁 : 연결을 위한 부탁, 행동을 위한 부탁

비폭력대화에서 '부탁하기'는 욕구를 기반으로 한 부탁Request입니다. 이때 주의할 점은 부탁이 '강요'가 되지 않아야 한다는 겁니다. '당신은 내 부탁을 반드시 들어줘야만 해' '당신은 나를 이해해야만 해'라는 당위성이 포함되어 있다면, 그것은 진정한 부탁이 아니라 강요에 불과합니다.

강요와 부탁의 차이는 상대에게 '거절할 수 있는 선택권'이 있느냐에 달려 있습니다. 상대의 "아니요"라는 대답 뒤에 숨겨진 상황과 욕구까지 기꺼이 들으려는 마음이 있을 때 비로소 진정한 부탁이 됩니다. 부탁에는 두 가지 방향이 있습니다.

첫째, '연결을 위한 부탁'입니다. "내 말을 어떻게 생각해?" "당신은 내가 ~을 해주길 원하는 거야?" "당신의 입장은 무엇이지?"를 묻는 방식입니다.

둘째, '행동을 위한 부탁'입니다. 상대가 실제로 실천할 수 있는 구체적인 행동을 중심으로 요청해야 합니다. 이때는 "~하지 마세요"와 같은 부정형이 아니라, "~해 줄 수 있을까요?"처럼 긍정형 질문으로 표현하는 것이 좋습니다.

[집안일을 분담해야 하는 상황]
- (모호함·부정형·강요)의 부탁

"제발 집 좀 지저분하게 만들지 마."

- (행동·긍정·의문) 비폭력대화 방식

"내가 거실을 정리하는 동안, 당신이 분리수거를 해줄 수 있을
까?"

[회의 중 경청을 요청해야 하는 상황]

- (모호함·부정형·강요)의 부탁

"내 말 좀 끊지 말고 끝까지 들으세요."

- (행동·긍정·의문) 비폭력대화 방식

"내가 설명을 마칠 때까지 5분만 기다려 준 뒤에 의견을 말해
줄 수 있을까요?"

[자녀의 외출 상황]

- (모호함·부정형·강요)의 부탁

"너, 너무 늦게 다니지 마라."

- (행동·긍정·의문) 비폭력대화 방식

"저녁 9시 전에는 집에 도착해서, 나에게 문자로 알려줄 수 있
을까?"

많은 분들이 부탁을 어려워합니다. 그 이유는 부탁한 뒤 '상
대가 불편해하면 어떡하지?' '거절하면 어떡하지?' 하는 걱정이

앞서기 때문입니다. 하지만 부탁을 한 뒤의 선택은 상대에게 있습니다. 상대의 감정과 욕구까지 내가 책임지려 하면 부탁은 무거운 짐이 됩니다. 저는 부탁을 할 때 '우리는 모두 선택할 수 있다'는 문장을 떠올립니다. 그 생각만으로도 마음이 한결 가벼워집니다. 내가 부탁을 선택했듯, 상대도 그 부탁을 받아들이거나 거절할 선택권이 있기 때문입니다. 거절이 두려워 부탁이 어렵다면, 내가 상대의 몫까지 책임지려 하고 있는 것은 아닌지 한 번 돌아보길 바랍니다.

💬 알아차림으로 시작하는 비폭력대화

비폭력대화는 '관찰-느낌-욕구-부탁'의 네 단계를 통해 자신을 표현하고 상대를 이해하는 대화법입니다. 다만 비폭력대화를 시작할 때 처음부터 네 단계를 모두 자연스럽게 적용하기가 쉽지 않습니다.

그래서 대화 중 잠시 멈추어 '지금 내 감정이 무엇인지' '그 감정 뒤에 어떤 욕구가 있는지' '내가 무엇을 원하고 바라는지' 스스로에게 질문하는 알아차림의 순간을 가져봐야 합니다. '욕구'를 인식했다면 그 상황에 대해 상대의 의도를 물어보거나 내가 원하는 바를 실행 가능한 행동으로 구체화해서 부탁합니다. 이러한 단계를 하나씩 실천해 나갈 때, 대화는 조금 더 평화로운 대화로 이어질 수 있습니다.

[동료(매니저)가 업무 마감기한을 넘긴 상황]

- **관찰** : 어제 오후까지 주기로 했던 기획안이 아직 도착하지 않았어.

- **느낌** : 업무 일정이 늦춰질까 봐 초조하고 당혹스러워.

- **욕구** : 나는 협력을 통해 업무를 효율적으로 진행하고, 계획대로 완수하고 싶은 욕구가 있어.

- **부탁** : 현재 진행상황이 어떤지 알려주고, 오늘 퇴근 전까지는 보내줄 수 있을까?

- **비폭력대화**

  "매니저님, 어제 주시기로 했던 기획안이 아직 공유되지 않은 걸 확인했어요.(관찰) 제 다음 업무 일정도 있다 보니 마음이 조금 초조해지네요.(느낌) 저는 약속한 일정을 지켜서 원활하게 협력하기를 바라거든요.(욕구) 혹시 지금 진행상황이 어떤지 말씀해 주시고, 오늘 퇴근 전까지 공유해 주실 수 있을까요?(부탁)"

[공개적인 자리에서 지적을 받는 상황]

- **관찰** : 오늘 팀 회의에서 제 결과물의 부족한 점을 여러 사람 앞에서 바로 말씀하셨어요.

- 느낌 : 저는 당황했고, 조금 위축되는 마음이 들었어요.

- 욕구 : 저는 안정감 있게 배우고 싶고, 존중받으면서 성장하고 싶은 욕구가 있어요.

- 부탁 : 다음부터는 회의 후에 10분만 따로 시간을 내서 1:1로 구체적인 피드백을 해주실 수 있을까요?

- 비폭력대화

"팀장님, 오늘 팀 회의에서 제 결과물의 부족한 점을 여러 사람 앞에서 바로 말씀하셨어요.(관찰) 그 순간 저는 당황했고 조금 위축되는 마음이 들었습니다.(느낌) 저는 안정감 있게 배우고, 존중받으면서 성장하고 싶은 욕구가 있습니다.(욕구) 다음부터는 회의 후에 10분만 따로 시간을 내서 1:1로 구체적인 피드백을 해주실 수 있을까요?(부탁)"

석사 논문으로 '비폭력대화와 수용-전념치료ACT를 통합한 집단상담 프로그램이 대학생의 지각된 스트레스와 정서에 미치는 영향'을 주제로 집단상담 연구를 진행하고 논문을 작성하면서 비폭력대화는 관계를 보다 평화롭게 만드는 데 그치지 않고, 개인의 스트레스를 낮추고 자존감을 높이는 데에도 긍정적으로 작용할 수 있음을 알 수 있었습니다. 비폭력대화는 단순한 대화 기법이 아니라, 나와 상대를 함께 존중하며 소통하도록 돕는 대화방식입니다.

3

성장을 돕는 코칭 대화

조직에서 구성원의 성장을 위해 코칭이 필요하다는 사실은 누구나 알고 있습니다. 그런데 막상 코칭을 시작하려고 하면 '시간이 없다' '상대가 부담스러워할 것 같다' '무슨 말부터 해야 할지 모르겠다'는 이유로 미루기 일쑤입니다. 특히 바쁜 일상에서 코칭은 때로 '추가 업무'처럼 느껴지기도 합니다. 하지만 코칭은 사람을 바꾸는 설득이 아니라, 상대가 스스로 해답을 찾고 실행하도록 돕는 '성장 대화'입니다.

코칭을 시작할 때 가장 먼저 점검해야 할 것은 '구조화'입니다. 구조화란 코칭의 주제와 목표, 시간, 횟수, 후속 점검방식 등을 사전에 합의하는 것을 말합니다. 이러한 명확한 가이드라인이 있을 때 코치와 피코치(코칭을 받는 사람) 모두 심리적 안전감을 느끼며 코칭에 몰입할 수 있습니다. 반대로 구조화가 안 된 코칭은 대화가 넓게 흩어지거나 감정 토로로 끝나고, 혹은 코치의 일방적인 조언만 늘어놓는 방식으로 흐르기 쉽습니다. 간혹 직관에 의존해 '일단 편하게 얘기해 보자'로 코칭을 시작하는 경우가 있는데, 이 방식은 추천하지 않습니다.

코칭은 흐름이 중요하기 때문에 코칭을 처음 시작할 때 '코칭은 30분, 총 3회' '주제는 업무 우선순위와 보고방식' '다음 만남 때는 실행 결과를 함께 점검'처럼 기준을 잡아두면, 대화가 선명해지고 실행으로 연결될 가능성이 높아집니다. 또한 회차를 정해 두면 코칭이 끝난 뒤 다시 만났을 때 지난 대화의 효과를 확인하고, 무엇이 어려웠는지 점검하며 방향을 유연하게 조정할 수 있습니다.

💬 코칭 대화의 나침반, 'GROW 모델'

코칭을 시작할 때는 '라포 형성'을 위해 짧은 스몰토크가 도움이 됩니다. 다만 매일 회사에서 마주치는 사이라면 굳이 길게 가져갈 필요는 없습니다. 이럴 때는 "지난주에 기분 좋았던 일이 있었나요?" "오늘 컨디션은 어떠세요?"와 같이 한두 문장 정도로 컨디션을 확인한 후 곧바로 본론으로 전환하는 편이 효과적입니다. 스몰토크의 목적은 분위기를 풀고 안정감을 만드는 것이므로, 전체 코칭시간의 5~10%를 넘기지 않는 것이 좋습니다.

코칭 대화는 GROW 모델을 활용하면 수월하게 구조화할 수 있습니다. GROW는 Goal(목표), Reality(현실), Options(대안), Will(실행)의 각 단계 첫 글자를 딴 코칭 대화 프레임입니다.

G(Goal) : 목표 설정

Goal 단계에서는 코칭의 주제와 목표를 정하고, 이번 대화의 '결과물'을 합의합니다. 목표가 선명해야 대화가 흩어지지 않고 실행으로 연결됩니다.

"오늘 어떤 이슈를 다루고 싶으신가요?"

"지금 가장 고민되는 점은 무엇인가요?"

"이 대화를 통해 어떤 목표를 얻고 싶으신가요?"

"이 문제가 해결된 이상적인 상태는 어떤 모습인가요?"

"목표가 달성되었다면 어떤 모습(결과)이 나타날까요?"

R(Reality) : 현실 파악

Reality 단계에서는 주관적인 해석보다 객관적인 사실과 패턴을 중심으로 현재 위치를 정확히 확인합니다. 질문은 한 번에 끝내기보다, 2~3번 이어가며 사고를 확장하도록 돕는 것이 좋습니다.

"현재 상황을 구체적으로 설명해 주실 수 있나요?"

"목표 달성을 가로막고 있는 장애요인은 무엇이라고 생각하나요?"

"지금까지 문제해결을 위해 어떤 노력(시도)을 해보셨나요?"

"이전에 시도했던 방법이 있다면, 무엇이었고 결과는 어땠나요?"

O(Options) : 대안 탐색

Options 단계에서는 목표에 도달하기 위한 가능성을 넓힌 뒤, 현실성을 점검합니다. 이 단계에서는 비판을 잠시 보류하고, 최대한 많은 아이디어를 끌어내는 것이 핵심입니다.

"가능한 해결방법에는 어떤 것들이 있을까요?"

"전혀 다른 관점에서 본다면 어떤 선택지가 보이나요?"

"만약 제약(시간, 예산, 권한)이 없다면 무엇을 해보고 싶으신가요?"

Will 단계에서는 '언제까지 무엇을 하겠다'를 명확히 정해 실행력을 만들고, 필요한 지원까지 구체화합니다. 실행계획은 작고 구체적일수록 성공 확률이 높습니다.

"언제부터, 무엇을, 어떻게 시작하시겠어요?"

"여러 대안 중 지금 바로 실행해 볼 수 있는 것은 무엇인가요?"

"실행하는 과정 중 필요하면 제가 어떤 지원(도움)을 드리면 좋을까요?"

GROW 모델은 현장에서 활용하기 좋은 코칭 프레임이지만, 놓치기 쉬운 지점이 있습니다. 바로 '지난 회차에 정한 실행과제에 대한 점검'입니다. 코칭은 그 순간의 일회성 대화로 끝나지 않고, 실행과 학습이 반복될 때 효과가 커집니다. 지난번에 무엇을 실천했는지, 실행하면서 어떤 점이 어려웠는지, 무엇이 도움이 되었는지를 먼저 확인하는 과정이 필요합니다.

💬 성장과 변화의 시작, '코칭'

코칭에 GROW 모델을 꾸준히 적용하면 조직과 구성원에게 다음과 같은 긍정적인 변화가 일어납니다.

첫째, 목표 중심의 사고가 정착되어 방향이 선명해집니다

GROW 모델의 시작은 '목표^{Goal}'입니다. 이는 과거의 잘못을 파헤치는 원인 규명보다 '우리가 가야 할 목적지는 어디인가'에 집중하도록 돕습니다. 이 과정에서 코칭 대화는 '해결해야 하는 문제'에 머무르지 않고 '성장의 목표'를 세우는 방향으로 전환되며, 구성원에게 긍정적 동기와 몰입을 만들어 낼 수 있습니다.

둘째, 구성원의 자기주도적 문제해결 역량이 강화됩니다

리더가 답을 제시하기보다 질문을 통해 구성원이 스스로 '현실^{Reality}'을 정리하고, 가능한 '대안^{Options}'을 탐색하게 하며, 마지막에는 책임감 있는 '실행계획^{Will}'을 세우게 됩니다. 스스로 선택해 만든 해결책은 실행의지가 높고, 반복 경험은 의존을 줄이며 자율적인 문제해결의 힘을 키웁니다. 이는 자기결정성이론에서 말하는 자율성과 유능감을 충족시켜 업무 몰입도를 높입니다.

셋째, 상황에 따른 유연한 적용이 가능합니다

GROW 모델은 구조가 단순하고 직관적이어서 다양한 상황에 적용하기 쉽습니다. 정식 코칭 세션뿐 아니라 짧은 10~15분 면담에서도 '목표-현실-대안-실행'의 흐름을 적용하면 대화가 산만해지지 않고, 실행으로 이어질 가능성이 높아집니다. 또한 신입사원의 업무 적응부터 리더의 전략적 과제까지 주제와 대상에 상관없이 코칭의 질을 높여주기 때문에 다양하게 활용할 수 있습니다.

GROW 모델의 구조를 꾸준히 적용하고 회차 간 점검까지 이어간다면, 코칭은 단순한 대화를 넘어 구성원의 행동변화를 이끌고 성장을 촉진하는 실질적인 지원으로 자리 잡을 것입니다.

에필로그

어린 시절의 저를 떠올려 보면, 또래보다 모든 것이 조금씩 느린 아이였습니다. 말을 떼는 것도, 글을 읽고 쓰는 것도 한참이 걸렸습니다. 서툰 발음 탓에 친구들에게 놀림을 받기도 했습니다. 그런 아이가 자라 사람들 앞에서 마이크를 잡는 강사가 되었다니, 참 아이러니하면서도 감사한 일입니다.

본격적으로 강의를 시작하기 전, 아카데미에 다니며 발음을 교정하려 지독하게 매달렸습니다. 매일 아침저녁으로 입에 연필을 물고, 풍선을 불며 발성과 발음을 연습했습니다. 하지만 노력만큼 결과는 따라주지 않았습니다. 그때 한 강사님께 이런 피드백을 들었습니다.

"백선영 님처럼 열심히 하는데 늘지 않는 사람은 처음이에요."

그 말은 제게 큰 좌절이었습니다. 속상한 마음을 언니에게 털어놓았더니, 언니는 따뜻하게 이렇게 말해 주었습니다.

"발음이 좋다고 강연을 잘하는 건 아니야. 강의의 본질은 진정성과 전문성이야."

그러면서 발음이 완벽하지 않아도 많은 사람의 마음을 움직이는 한 유명 강연가의 강의를 들려주었습니다. 그 말은 제게 강연의 방향이 되었습니다.

'내가 아나운서라면 발음이 중요하겠지만, 나는 강연가다. 본질에 집중하자.'

그 이후 저는 발음에 대한 불안에 매달리기보다, 전달하려는 내용과 진정성에 더 집중하며 강의를 이어 왔습니다. 그렇게 시간이 흐른 어느 날, 생각지도 못한 피드백을 받았습니다.

"강사님 발음이 아나운서 같아요. 귀에 쏙쏙 들어옵니다."

오랜 시간 강의 현장에서 단련된 덕분인지, 어느새 발음도 자연스럽게 개선되어 있었습니다. 그 말을 듣는 순간 저도 모르게 흐뭇한 미소가 번졌습니다.

이 경험을 통해 저는 '모든 일에는 시간이 필요하다'는 사실을 깨달았습니다. 어떤 행동이 몸에 익는 데는 그만한 시간이 필요합니다. 빠르게 변하면 좋겠지만, 익숙해지는 데에는 반드시 과정이 따릅니다.

이 책을 읽는 독자 여러분도 그러했으면 좋겠습니다. 자신의 기질 때문에 관계와 대화가 힘들었던 분들이라면, 오늘부터 일상에서 아주 작은 변화를 시작해 보셨으면 합니다. 당장은 느리게 느껴질지라도, 시간이 지나 돌아보면 분명 단단해진 자신을 만나게 될 것입니다.

어제보다 오늘이 조금 나아지고, 오늘보다 내일이 조금 더 괜찮아진다면 그것으로 충분하지 않을까요?

어린 시절 발음이 좋지 않아 놀림을 받던 한 사람이 꾸준한 연습과 노력으로 강사가 되었고, 심리코칭을 하며 책을 쓰고 있습니다. 느리면 어떻습니까. 오늘보다 내일이 더 나아진다면 그 시간은 이미 충분히 의미 있는 시간입니다.

이 책이 여러분의 삶과 관계에, 그리고 대화의 자존감에 작은 힘이 되기를 진심으로 바랍니다.

감정단어 목록

행복함, 즐거움, 사랑을 표현하는 감정	기쁜, 벅찬, 포근한, 흐뭇한, 상쾌한, 짜릿한, 시원한, 반가운, 후련한, 아늑한, 온화한, 흥분되는, 안전한, 느긋한, 괜찮은, 정다운, 화사한, 신바람 나는, 자유로운, 황홀한, 따사로운, 평화로운, 날아갈 듯한, 들뜬, 감미로운, 상큼한, 가득한, 희열을 느끼는, 정겨운, 살가운, 푸근한, 근심 없는, 감동하는, 고마운, 감격스러운, 감사하는, 기뻐 날뛰는, 감탄스러운, 좋아하는, 기쁨에 넘치는, 사랑스러운, 기대하는, 멋진, 명랑한, 더없이 행복한, 따뜻한, 흡족한, 마음이 놓이는, 기뻐하는, 상냥한, 만족스러운, 환희에 찬, 유쾌한, 안정되는, 희망에 찬, 즐거운, 생기가 나는, 친근한, 쾌활한, 편안한, 평온한, 행복한, 자유로운, 영광스러운, 충족되는, 활기찬, 활발한, 통쾌한
슬픔, 회한, 좌절을 표현하는 감정	서운한, 처량한, 울적한, 허탈한, 맥 빠지는, 애끓는, 외로운, 눈물겨운, 풀이 죽은, 쓸쓸한, 위축되는, 공허한, 죽고 싶은, 허전한, 애처로운, 적적한, 후회되는, 우울한, 참담한, 애석한, 비참한, 암담한, 막막한, 서글픈, 거북한, 슬픈, 애틋한, 침울한, 무기력한, 지친, 안타까운, 애잔한, 절망적인, 처절한, 고독한, 괴로운, 낙담하는, 허무한, 실망하는, 좌절하는, 피곤한, 수줍은, 민망한, 부끄러운, 쑥스러운, 어색한, 미안한, 겸연쩍은, 창피한, 걱정하는
분노, 미움, 싫음을 표현하는 감정	얄미운, 지겨운, 못마땅한, 권태로운, 불쾌한, 불만스러운, 불편한, 찜찜한, 떨떠름한, 언짢은, 지루한, 씁쓸한, 괘씸한, 속상한, 원망스러운, 귀찮은, 신경질 나는, 부담스러운, 분한, 짜증스러운, 끔찍한, 따분한, 치가 떨리는, 화 나는, 혐오스러운, 샘나는, 언짢은, 섭섭한, 성가신, 신경 쓰이는, 지긋지긋한, 불편한, 시시한, 질리는, 격노하는, 냉담한, 격분되는, 냉정한
고통, 두려움, 불안, 놀라움을 표현하는 감정	초조한, 무서운, 억울한, 조급한, 참담한, 긴장되는, 두려운, 불쌍한, 가혹한, 난처한, 섬뜩한, 당황스러운, 답답한, 멍한, 겁나는, 조바심 나는, 어리둥절한, 떨리는, 놀라운, 살벌한, 조마조마한, 충격적인, 걱정스러운, 초조한, 겁에 질린, 불안한, 뒤숭숭한, 심란한, 고통스러운, 오싹한, 의심되는

욕구단어 목록

신체적 생존의 욕구	공기, 음식, 물, 주거, 휴식, 수면, 안전, 신체적 접촉, 스킨십, 성적 표현, 따뜻함, 부드러움 , 편안함, 돌봄을 받음, 보호 받음, 애착 형성, 자유로운 움직임, 운동
사회적, 정서적, 상호의존의 욕구	봉사, 친밀한 관계, 유대, 소통, 연결, 배려, 존중, 상호성, 공감, 이해, 수용, 지지, 협력, 도움, 감사, 인정, 사랑, 애정, 관심, 호감, 우정, 가까움, 나눔, 소속감, 공동체, 안도, 위안, 신뢰, 확신, 예측가능성, 정서적 안전, 자기보호, 일관성, 안정성, 정직
놀이, 즐거움의 욕구	즐거움, 재미, 유머, 흥미
자율성의 욕구	자신의 꿈·목표·가치를 선택할 자유, 자신의 꿈·목표·가치를 이루기 위한 방법을 선택할 자유
삶의 의미	기여, 능력, 도전, 명료함, 발견, 보람, 의미, 인생 예찬, 기념하기, 주관을 가짐, 회복, 효능, 희망, 열정, 참여, 깨달음, 자극
진실성	진실, 성실성, 존재감, 일치, 개성, 자기존중, 비전, 꿈
아름다움과 평화의 욕구	아름다움, 평탄함, 홀가분함, 여유, 평등, 조화, 질서, 평화, 영적 교감, 영성
자기실현의 욕구	성취, 배움, 생산, 성장, 창조성, 치유, 전문성, 목표, 가르침, 자각, 자기표현, 자신감

출처 : 마셀 로젠버그, 《비폭력대화》

관계를 이어 주는 대화의 심리학

우리는 왜 말이 통하지 않을까

초판 1쇄 인쇄 2026년 4월 5일
초판 1쇄 발행 2026년 4월 10일

지은이 백선영
펴낸이 백광옥
펴낸곳 ㈜천그루숲
등 록 2016년 8월 24일 제2016-000049호

주소 (06990) 서울시 동작구 동작대로29길 119
전화 0507-1300-0784 **팩스** 050-4022-0784 **카카오톡** 천그루숲
이메일 ilove784@gmail.com

기획 / 마케팅 백지수
인쇄 예림인쇄 **제책** 예림바인딩

ISBN 979-11-93000-95-3 (13320) 종이책
ISBN 979-11-93000-96-0 (15320) 전자책